EWA TRAFNA
ZWISCHENWELTEN/INTERSECTING CITIES/MIĘDZYŚWIATY

Ewa Trafna

ZWISCHENWELTEN
INTERSECTING WORLDS
MIĘDZYŚWIATY

BERLIN / DETROIT / WARSZAWA

Herausgegeberin / Editor / Wydawca
Uta Schorlemmer

Texte / Texts / Teksty
Alfrun Kliems, Will Wittig, Aleksandra Hirszfeld

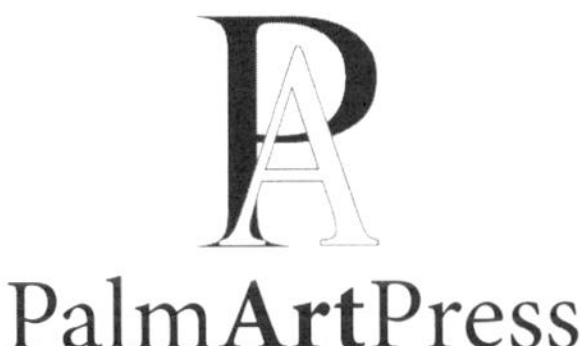

PalmArtPress

INHALT
CONTENT
SPIS TREŚCI

INSPIRATION / INSPIRACJA

Die Stadt als solche fasziniert. Wie auch der Mensch kann sie mit ihrer Persönlichkeit faszinieren. Sie erweckt den Eindruck, dass sie für immer im Gedächtnis und in der Vorstellungskraft erhalten bleibt. Die Stadt – ein faszinierendes Phänomen. Die Stadt – reich an leeren Gebäuden. Stadt der Hoffnung auf Wiedergeburt. Warschau wurde im zweiten Weltkrieg dem Erdboden gleichgemacht. Eine Stadt – aus der Asche wiederauferstanden und heute voller Leben. „Es ist doch wohl die Stadt das wichtigste vom Menschen gebaute Monument, der physische Ausdruck seines Willens, seiner Hoffnung und der Erinnerung der gesamten Gesellschaft." (Vittorio Gregotti, 2017) Meine persönlichen Betrachtungen zum Thema Stadt schreibe ich ein auf Leinwand, Papier, Folie, Blech.

The city as such is fascinating. Like man it can fascinate with its personality. The city gives an impression that both in memory and imagination it will remain forever. The city—a fascinating phenomenon. The city—full of empty buildings. City of hope for rebirth. Warsaw was razed to the ground in World War II. A city—reborn from the ashes and, today, full of life. „It is surely the city that is the most important monument built by man, the physical expression of his will, his hope, and the collective memory of all of society." (Vittorio Gregotti, 2017) My personal reflections on the topic of cities are engraved on canvas, paper, foil, and sheet metal.

Ewa Trafna, 2018

Miasto fascynuje. Tak jak człowiek potrafi zafascynować swoją osobowością. Wywiera wrażenie, które na zawsze pozostaje w pamięci i wyobraźni. Miasto jest niezwykłym zjawiskiem. Jednym z nich jest Detroit. Miasto bogate w puste budynki. Miasto nadziei na odrodzenie. Warszawa to miasto zrównane z ziemią podczas II Wojny Światowej. Miasto, które powstało z gruzów i żyje pełnią życia. „A jednak to miasto jest najprawdopodobniej najważniejszym monumentem wybudowanym przez człowieka, fizycznym wyrażeniem woli, nadziei i pamięci całej społeczności." (Vittorio Gregotti, 2017) Moje rozważania na temat miasta zapisuję na moich płótnach, papierach, foliach, blachach.

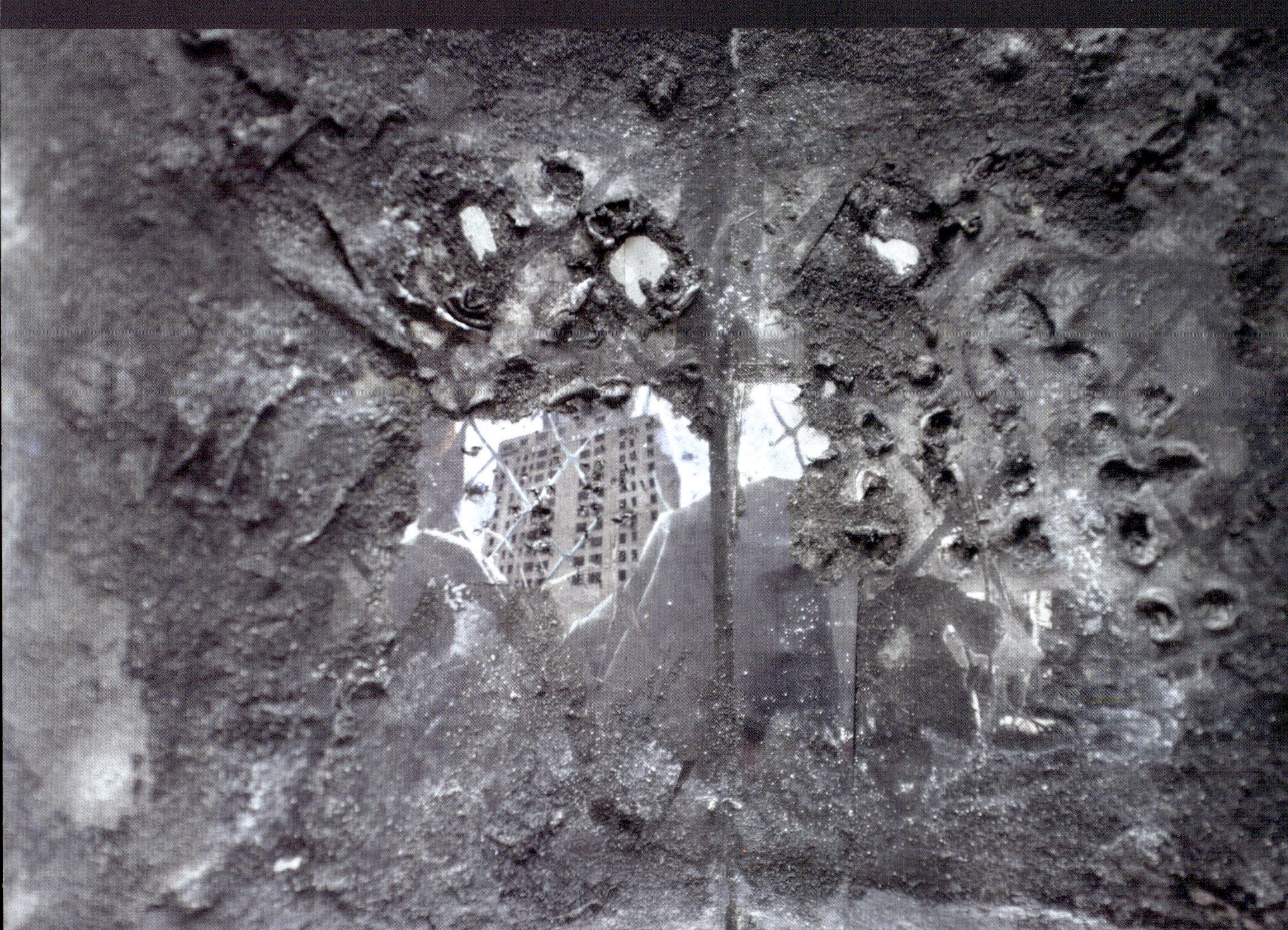

UTA SCHORLEMMER
ZWISCHENWELTEN oder DIE ZUKUNFT DER VERGANGENHEIT

Architektur ist – metaphorisch betrachtet – ‚in Stein gehauene Geschichte'. Sie spiegelt politische Ideologien, zementiert (im wahrsten Sinne des Wortes) Herrschaftsansprüche, von denen sie auch noch nach dem Zerfall der jeweiligen Macht zeugt. Durch Erhaltung, Überbauung und Abriss werden historische Übergänge im Alltag erfahrbar: gewachsene Städte sind Zwischenwelten, in denen Vergangenheit, Gegenwart und Zukunft kommunizieren. Wiesława Wierzchowska zufolge sind die Arbeiten der polnischen Malerin Ewa Trafna ein „Dialog von Vergänglichkeit und Flüchtigkeit".[1] Trafnas umfangreicher Detroit-Zyklus, der im vorliegenden Band präsentiert wird, ist auch unter dem Stichwort ‚Zukunft der Vergangenheit' zu fassen. Die im Titel des Buches angedeutete Geschichte von drei Städten in drei Ländern – Detroit, Berlin, Warschau – steht als Metapher für den Wechsel aus beflügelndem Aufschwung und tiefem Fall. Alle drei Städte sind besondere *Zwischenwelten* – vital, ob vor, während oder nach dem Ende einer Ära.

Die Transformation von Lebensräumen hat, insbesondere seit dem Zusammenbruch des Realsozialismus, die Realitäten der Menschen in Polen wie in Deutschland gleichermaßen ge- und betroffen. Eine „neue Physiognomie des Kontinents" ist entstanden (Schlögel 2005). Der durch politische und vor allem ökonomische Entwicklungen hervorgerufene Zerfall von Strukturen hat Ewa Trafna bei einem Aufenthalt in Detroit den Anstoß dazu gegeben, sich künstlerisch mit ihren Erfahrungen des Leerstands, der Industriebrachen, des Stillstands städtischer Kommunikation in einst blühenden Stadtlandschaften auseinanderzusetzen. In Übersee hat die Künstlerin etwas erlebt, das ihr biographisch aus dem Schicksal polnischer und deutscher Orte, neben Warschau etwa Łódź, dem „polnischen Detroit", oder Wałbrzych sowie dem Ruhrgebiet, Buna, Leuna und Piesteritz vertraut ist. Trafnas aus der Erinnerung an Detroit entstandener Werkzyklus, obgleich derzeit auch weltpolitisch ein hochaktuelles Thema, drückt in universeller Weise aus, wie Architektur zur Zeugin einer Epoche wird, sowohl der Erfolgssträhnen als auch der Niedergänge. Doch mit fortschreitendem Wandel werden diese übertüncht, überbaut, umgenutzt. Es entstehen neue Stadtbilder, deren Verwandlung kaum noch wahrnehmbar ist oder sein soll. Kunst greift an diesen Nahtstellen – oder eben Blessuren – der Geschichte als Akteur in den Prozess aus urbanem Vergessen und Erinnern ein.

Detroit, gesehen mit den Augen der polnischen Malerin Ewa Trafna, kann als Ikonographie einer sterbenden Stadt gesehen werden. Die Entleerung der steinernen und daher Ewigkeit suggerierenden Strukturen wird von deren Bewohnern hautnah miterlebt, in einem Atemzug mit Entlassungen, Umschulungen, Massenarbeitslosigkeit. In der amerikanischen Industriemetropole steht die nächste Stufe der Transformation hin zu einer stabilen neuen Identität derzeit noch am Anfang. Trafnas Werke bieten heute nun Anlass zum Innehalten sowie Raum, diesen fragilen Zwischenzustand aus Vergangenheit und Zukunft in seiner Melancholie, aber auch seinem Potential neu zu denken.

Detroits *urban decay* vollzieht sich bereits seit den 1950er Jahren schleichend, gerade in der so prächtig konzipierten Innenstadt. Während die Einwohner – wie in vielen Metropolen und Kleinstädten der Welt – in Vororten siedeln, verkommen die einstigen Wahrzeichen. Coleman Young, langjähriger Bürgermeister von Detroit,

hat Anfang der 1970er Jahre den Bau des *Renaissance Centers* angeregt (eröffnet 1977). Dessen Name war Programm, welches jedoch damals noch keinen Erfolg zeitigte. Heute, das heißt erst *nach* der Finanzkrise, wird Detroit als *Renaissance City* bezeichnet. Erneut lediglich ein Programm? Ein hehrer Wunsch in Zeiten urbaner Zersplitterung und politischer Polarisierung?
Die Heimatstadt der Künstlerin, Warschau mit seinen verschiedentlichen Wiedergeburten, mag da als Hoffnungsträger gelten. Es hat seit seiner letzten Apokalypse, also in nur etwa siebzig Jahren, gleich zwei Renaissancen erlebt. Nach dem Zerfall des Kommunismus wurden den architektonischen Machtdemonstrationen der untergegangenen Ära – allen voran dem Kulturpalast – architektonisch neue Akzente entgegengesetzt und eine Detroit ähnliche Skyline geschaffen. Daran wird vor allem eines deutlich, nämlich wie dem „urbanen Text" (Kliems, S. 45) ein Diskurs um Macht eingeschrieben ist. Waren einst Kirchen, entsprechend dem gesellschaftlichen Machtgefüge, die höchsten, Gott am nächsten reichenden Gebäude gewesen, so wurden es später prächtige Bankengebäude und schließlich die himmelwärts strebenden Wolkenkratzer der großen Konzerne. In Warschau war in den 1950er Jahren mit dem kirchenähnlichen *Palast der Kultur und Wissenschaft* der katholischen Ordnung des Landes ein Symbol des „wissenschaftlichen Zeitalters" entgegengesetzt worden – durch seinen zentralen Ort und seine überragende Höhe, mit der er sämtliche Kirchenbauten der wiederaufgebauten Stadt überstieg. Dieser einstige Herrschaftsanspruch ist inzwischen längst passé, nun schreibt sich eine neue „unerbittliche Konkurrenz" ins Stadtbild Warschaus ein: „Weitaus wirkungsmächtiger als die Staatsbauten sind im postsozialistischen Stadtbild die Kommerzbauten. Sitze von Großunternehmen, Banken und Geschäftsgebäude wurden zu neuen Herren über immense visuelle Räume."[2] Der bulgarische Künstler Luchezar Boyadjiev konstatiert sarkastisch die „Auferstehung des Konsumenten aus der Leiche des Werktätigen – und des Neokapitalisten aus der des Apparatschiks."[3] Warschaus Entwicklung mit ihrer Behauptung der neuen neokapitalistischen Macht geschieht im Nachgang zu Detroits Verfall, suggeriert eine neue Ordnung, die aber in ihrer Bauweise zugleich auch einen Moment des Übergangs enthält, denn keines der Gebäude ist ‚für die Ewigkeit' gemacht. Es sind Zwischenlösungen, wie es sie überall in den USA gibt, kaum zukunftsfähig gedacht – bis zum nächsten Erdbeben, bis zum Vererben an die nächste oder maximal übernächste Generation, bis zur nächsten Finanzkrise. Die Perspektive des Kapitals ist allenfalls auf eine mittelfristig absehbare Zukunft bezogen. Nachhaltigkeit verkommt zur politischen Floskel. Auch insofern können Trafnas Bilder, projiziert auf das neue Warschau, als Blicke in jene absehbare Zukunft gedeutet werden, deren erneuten Verfall die Künstlerin mit einem melancholischen Auge mitdenkt.
Stadtstrukturen, besonders, wenn sie leerstehen, sind Träger von (kollektiver) Erinnerung. Diese besitzt einen eigenen Pulsschlag, jenseits der rasant dahinschwindenden Gegenwart. Erinnerung dient als Inspirationsquelle für künstlerische Prozesse, ist jedoch ebenso ein Machtinstrument. Wer die Erinnerung der Menschen steuere, kontrolliere auch ihre Dynamik, kann man bei Foucault[4] nachlesen. Nicht umsonst wurde der Palast der Republik im Zentrum Berlins trotz seines Potentials zur künstlerischen Umnutzung, die in den Jahren 2004 bis 2005 lebhaft ausprobiert wurde, letztlich nicht saniert, sondern abgerissen.[5] Erinnerung wird alltagssprachlich als Gegenbewegung zum Vergessen definiert. Doch gleichzeitig ist das Vergessen ebenso in ihr enthalten, denn sie ist auch Auswahl, Ausschluss, Ordnung. Durch ihre Arbeiten macht sich Trafna zur Zeugin der Erinnerung an diesen produktiven Zwischenzustand, zu dessen Ikone Detroit mittlerweile geworden ist.

Der vorliegende Band versammelt einige anregende Stellungnahmen zu Detroit als Ikone der Transformation, aus verschiedenen Perspektiven: Will Wittig, Dekan des Architekturinstituts der University of Detroit Mercy, erklärt in seinem Beitrag Detroit seine Liebe. Er schöpft gerade aus der Melancholie von Trafnas Arbeiten Hoffnung für die Stadt, in der er lebt. In Wittigs Vision ist Detroits Verfall notwendiges Übel für einen Neuanfang, der einer speziellen Energie bedarf, an deren Erstarken es sich – trotz allem – mitzuwirken lohne. Alfrun Kliems, Literaturwissenschaftlerin mit Schwerpunkt Stadtliteratur, findet im Rost die treffende Metapher für die post-apokalyptische Stadt, in der das Leben – allen Apokalypsen zum Trotz – weitergeht. Warschau, wo Ende und Neuanfang durch die vielen Schichten aus Übertünchung und Überbauung miteinander verschmelzen, wird bei Kliems zur Matrix für Ewa Trafnas Detroit-Ansichten. Zerstörung und Tod als Stolpersteine, auf denen wir heute wandeln. Mit dem Text der Philosophin Aleksandra Hirszfeld entdeckt man die materielle Machart und den Entstehungsprozess von Trafnas Werken. Hirszfeld macht sich bei aller Konkretheit zugleich eine Zen-Perspektive auf Trafnas Detroit zu eigen. Sie sieht die „Geisterstadt" als inspirierendes Nichts.
Betrachtet man die Entwicklung von Trafnas Detroit-Zyklus über die Jahre, so ist festzustellen, dass die Bilder tatsächlich immer mehr zum Nichts tendieren. Je mehr die Formen sich auflösen, umso kraftvoller wird deren Ausstrahlung. Ob auf Papier geritzt, in Leinwand geschnitten oder in Stahlbücher geätzt und gespiegelt, zeigen Trafnas Arbeiten die Universalität des Auf- und Abbruchs, der am sich verändernden Antlitz von Städten ablesbar ist, egal, in welchem Teil der Welt sie liegen. In ihrer Malerei symbolisieren die Häuser mit ihrer quasimenschlichen Physiognomie die Welten zwischen Leben und Tod, aber auch zwischen Verfall und Neubeginn. Die leeren Augen der Fenster schauen den Betrachter an, rühren ihn, wecken Sehnsüchte nach einer Vergangenheit, in der er – meist etwas zu nostalgisch – Visionen einer Zukunft zu erkennen glaubt.

UTA SCHORLEMMER
INTERSECTING WORLDS or THE FUTURE OF THE PAST

Architecture, metaphorically speaking, is "history carved in stone". It reflects ideologies and (quite literally) cements political power—even after the collapse of that power. Historical transitions can be experienced in daily life through preservation, development, and demolition: urban environments are 'intersecting worlds' where past, present and future communicate. According to Wiesława Wierzchowska, the work of the Polish painter Ewa Trafna is a "dialogue between transience and ephemerality"[1]. Trafna's extensive Detroit series, presented in this volume, can thus also be summed up under the heading "The Future of the Past". The history of the three cities in three countries indicated in the title of the book is a metaphor for the shift from an exhilarating upswing followed by a deep decline. All three cities are 'intersecting worlds'—vibrant, whether before, during or after the end of an era.

The transformation of living spaces, especially since the collapse of socialism, has affected and afflicted the realities of both German and Polish people alike. A „new physiognomy of the continent" has arisen (Schlögel 2005). The break-down of structures caused by political and, more importantly, economic developments, gave Ewa Trafna during a visit to Detroit the inspiration to artistically engage with her own experiences of abandoned property, industrial wastelands, and stagnation of urban communication in previously thriving cityscapes. Overseas, the artist experienced something that was familiar to her both biographically and from the fate of Polish and German cities, such as Łódź, Wałbrzych, and even Warsaw as well as the Ruhr, Buna, Leuna, and Piesteritz. Trafna's series, originating from the memory of Detroit–although it is by all means currently a geopolitical burning issue—expresses in a universal way how architecture bears witness to both the successes and the setbacks of an era. But as change progresses, they are whitewashed, repurposed, or rebuilt. New cityscapes emerge, where transformation is, or supposed to be, hardly noticeable. At these intersections—or even wounds—of history, art is an actor that engages in the process of urban forgetting and remembering.

Through the eyes of Polish painter Ewa Trafna, Detroit can be seen as the iconography of a dying city. The emptying of the solid structures—'solid' therewith suggesting eternity—is witnessed by the residents first-hand, in one breath, with layoffs, vocational retraining, and mass unemployment. In the American industrial city, the next stage of transformation towards a stable new identity is still in its infancy. Trafna's work provides now an opportunity to pause for a moment and a space to re-think this fragile intermediate-state between past and future—its melancholy but also its potential.

Detroit's *urban decay* has gradually been taking place ever since the 1950s, especially in the brilliantly designed inner city. As the residents settle in suburbs—like in many metropoles and small cities worldwide—the former landmarks deteriorate. Coleman Young, longtime mayor of Detroit, initiated the construction of the Renaissance Center in the early 1970s (opened in 1977). The name indicated his aspiration to create a renaissance for Detroit—to no avail. Today, however, only after the financial crisis, Detroit is known as the *Renaissance City.* Is this once again just an aspirational name? A sublime wish in times of urban fragmentation and political polarization?

The artist's hometown, Warsaw, due to its various rebirths, may be regarded as a ray of hope. Since its last apocalypse—a timeframe of roughly seventy years—it has experienced two renaissances. After the collapse of communism, the fallen era's architectural demonstration of power, especially the Palace of Culture, was given new architectural standards and a skyline similar to Detroit was created. Therewith one thing becomes quite clear, as it has been inscribed in a discourse about power in „urban text" (Kliems, see pg. 47). Churches, once congruous to the social power structures, were the highest buildings that reached closest to God, as then would be the magnificent bank buildings, and finally the famous skyscrapers of big corporations.
In the 1950s, the church-like *Palace of Culture and Science in Warsaw,* a symbol of the "scientific age", had been constructed in opposition to the Catholic social order of the country, its central location and towering height exceeding all churches of the rebuilt city. The former authoritarian dominance is now long gone. Now a new "unrelenting rivalry" has entered Warsaw's cityscape: "Far more powerful than the public buildings in the post-socialist cityscape are the commercial buildings. The headquarters of large corporations, banks, and companies have become the new rulers of immense visual spaces."[2] The Bulgarian artist Luchezar Boyadjiev sarcastically states that this is the "resurrection of the consumer from the corpse of the working class—and the neo-capitalist from the apparatchik."[3] Warsaw's development with its assertion of the new neo-capitalist power follows in the wake of Detroit's disintegration; it suggests a new order that is nevertheless embodied in the way it is constructed—an element of transition—since none of the buildings are made "for eternity". They are temporaral solutions, such as can be found all over the United States, hardly meant to be sustainable—only to last until the next earthquake, the next financial crisis, or to be inherited by the next generation or, at most, the one after that. The capital perspective is drawn, at most, from the medium-term, foreseeable future. Sustainability deteriorates to a political truism. In this respect, Trafna's images, projected towards the new Warsaw, can be interpreted as glimpses into this foreseeable future; this renewed decline she views with a melancholic perspective.
City structures, especially if they are vacant, carry (collective) memory. This has its own pulse, beyond the rapidly dwindling present. Memory serves as a source of inspiration for artistic processes, but can also be an instrument of power. According to Foucault[4], whoever controls the memory of people, also controls their dynamics. There is a reason why the Palace of the Republic in the center of East Berlin, despite its potential for artistic conversion that was actively tested in 2004 and 2005, was ultimately not renovated, but demolished.[5] Memory is colloquially defined as a counterpart to forgetting. But at the same time, forgetting is also part of it; for memory means selection, exclusion, categorization. Through her work, Trafna bears witness to the memory of this productive borderline situation that Detroit has today come to symbolize.

This book brings together inspiring comments on Detroit as an icon of transformation from various perspectives: Will Wittig, Dean of the School of Architecture at the University of Detroit Mercy, declares in his contribution his love for Detroit. Precisely out of Trafna's melanchoic work he draws hope for the city he lives in. To Wittig, Detroit's decay is a necessary evil for a new beginning. It requires a special kind of energy, where strengthening—despite everything—is worth contributing to. Alfrun Kliems, a literary scholar with a focus on urban literature, finds in rust a fitting metaphor for the post-apocalyptic city, where in both—defying all apocalypses—life goes on. For Kliems, Warsaw, where endings and new beginnings merge in the countless layers of whitewashing and reconstruction, becomes a matrix for Ewa Trafna's views of Detroit.

Destruction and death as stumbling blocks that we stroll over today. Philosopher Aleksandra Hirszfeld's text reveals the substantive design and creative process of Trafna's works. In addition to such concrete details, Hirszfeld also interprets Trafna's Detroit from the perspective of Zen. For her, the "ghost town" is an inspiring void.

The development of Trafna's Detroit series over the years indeed shows an increasing tendency towards a void. The more the forms dissolve, the more powerful their aura becomes. Whether scraped on paper, cut into canvas, or etched into and mirrored on steel books, Trafna's work shows the universality of beginnings and endings that are reflected in cities' countenances—no matter where in the world they are. In her art, the buildings, with their quasi-human physiognomy, symbolize worlds between life and death, but also between disintegration and new beginnings. The empty eyes of the windows look at the observers, bestir them, awaken longings for a past—usually too nostalgic—in which one believes to recognize visions of a future.

Translation: Catharine J. Nicely, Clara Luise Hildebrand

UTA SCHORLEMMER
MIĘDZYŚWIATY albo PRZYSZŁOŚĆ PRZESZŁOŚCI

Architektura, jeśli spojrzeć na nią metaforycznie, jest „historią wykutą w kamieniu". Odzwierciedla polityczne ideologie, cementuje (w dosłownym tego słowa znaczeniu) roszczenia do władzy, których świadkiem pozostaje jeszcze po jej upadku. Poprzez zachowanie, przebudowanie, bądź zburzenie, doświadczamy w życiu codziennym płynnych przejść: wybudowane miasta są zawsze przejściem między światami. Porozumiewają się w nich przeszłość, teraźniejszość i przyszłość. Prace polskiej malarki, Ewy Trafnej, są zdaniem Wiesławy Wierzchowskiej „dialogiem trwałości i ulotności".[1] Obszerny cykl *Detroit* Ewy Trafnej, prezentowany w niniejszym tomie można by skatalogizować pod hasłem „przyszłość przeszłości". Ujęte w tytule tej książki trzy miasta w trzech krajach – Detroit, Berlin, Warszawa – stanowią metaforę dawnego rozkwitu gospodarczego i głębokiego upadku, który po nim nastąpił. Wszystkie trzy stanowią szczególne *międzyświaty* – pełne werwy, nieważne czy znajdują się przed, pośrodku lub po zakończeniu pewnej ery.

Transformacja przestrzeni życiowych, szczególnie po upadku realnego socjalizmu, w podobnym stopniu dotknęła i dotyczy ludzi zarówno w Niemczech jak i w Polsce. Powstała „nowa fizjonomia kontynentu".[2] Rozpad struktur wywołany przez polityczny, a przede wszystkim gospodarczy rozwój był dla Ewy Trafnej podczas jej pobytu w Detroit impulsem do tego, by artystycznie przetworzyć własne doświadczenia opuszczonych obiektów przemysłowych i zastoju w kwitnących dawniej miejskich krajobrazach. Za oceanem artystka doświadczyła czegoś, co było jej znane i biograficznie bliskie z losów polskich i niemieckich miast jak Łódź, tak zwane 'polskie Detroit', i Wałbrzych, a także Zagłębie Ruhry, Buna, Leuna i Piesteritz. Powstały ze wspomnień o Detroit, cykl prac Ewy Trafnej, mimo że chwilowo jak najbardziej aktualny politycznie, pokazuje w sposób uniwersalny, jak architektura staje się świadkiem epoki, w równej mierze jej sukcesów jak i klęsk. Sukcesy owe i klęski, wraz z następującymi przełomami, bywają zamalowywane, zabudowywane, adaptowane. Powstają nowe oblicza miast, których przemiany są ledwo zauważalne i mają takie być. W miejscach tych złączeń – albo ran – pojawia się sztuka jako uczestnik w procesie urbanistycznego zapominania i przypominania.

Detroit widziane oczami polskiej malarki, Ewy Trafnej, może być postrzegane jako ikonografia umierającego miasta. Wyludnianie się kamiennych, sugerujących wieczność struktur, jest odczuwalne dla mieszkańców i ich samych, dotyczy ich wraz ze zwolnieniami, przekwalifikowaniami i masowym bezrobociem. W amerykańskiej metropolii przemysłowej, następny etap w transformacji, prowadzący do nowej stabilnej tożsamości, dopiero się zaczyna. Prace Ewy Trafnej dają nam okazję do zatrzymania się i kreują przestrzeń do nowego zdefiniowania tego wrażliwego stanu przejściowego pomiędzy przeszłością a przyszłością w aspekcie jego melancholii, ale i potencjału.

Urban decay w Detroit skrada się powoli, począwszy od lat pięćdziesiątach XX wieku i to akurat w wytwornie zaprojektowanym śródmieściu. Podczas gdy mieszkańcy – jak w wielu metropoliach i małych miejscowościach na całym świecie – przenoszą się na przedmieścia, wcześniejsze symbole miasta popadają w ruinę. Colemen Young, długoletni burmistrz miasta Detroit zainicjował na początku lat siedemdziesiątych XX wieku budowę Renaissance Center (otwarcie 1977). Ta nazwa była programem, który niestety nie odniósł sukcesu. Dzisiaj, po kryzysie finansowym, Detroit bywa określane jako*Renaissance City.* Czy znowu mamy do czynienia z tym samym założeniem? Podniosłe życzenie w czasach urbanistycznego rozdrobnienia i politycznej polaryzacji?

Warszawę, z jej różnorakimi ponownymi narodzinami, można uznać za miasto niosące nadzieję. Od swojej ostatniej apokalipsy, a więc w przeciągu tylko siedemdziesięciu lat, przeżyła dwa renesanse. Po upadku komunizmu, wszelkim architektonicznym demonstracjom władzy, a przede wszystkim Pałacowi Kultury i Nauki, przypisano nowe role oraz stworzono *skyline* podobną do tej w Detroit. W tym kontekście staje się widoczne, jak w „urbanistyczny tekst" (Kliems, str. 49) wpisuje się dyskurs na temat władzy. Tak jak niegdyś, zgodnie z ówczesnym układem sił społecznych, kościoły były najwyższymi budynkami, znajdującymi się najbliżej Boga, tak później stały się nimi siedziby banków, a wreszcie strzelające ku niebu drapacze chmur wielkich koncernów. Podobny kościołowi Pałac Kultury i Nauki w Warszawie z roku 1955, znajdujący się w centralnej części miasta i przewyższający wszystkie kościoły w odbudowanej stolicy, miał być wbrew katolickiej tradycji kraju symbolem „epoki naukowej". Te roszczenia do władzy są już dawno passé. Obecnie w sylwetkę miasta wpisuje się nowa „bezlitosna konkurencja": „O wiele silniejsze działanie niż państwowe budynki mają w postsocjalistycznym obrazie miasta budynki komercyjne. Siedziby przedsiębiorstw, firm i banków stały się nowymi władcami ogromnych przestrzeni wizualnych."[3] Bułgarski artysta, Luchezar Boyadjiev, konstatuje sakastycznie „powstanie konsumenta z trupa robotnika oraz neokapitalisty z aparatczyka".[4] Ten architektoniczny rozwój Warszawy, mieniący się nową neokapitalistyczną władzą dokonuje się po upadku Detroit i sugeruje nowy porządek, który równocześnie zawiera w sobie jakiś pierwiastek przemijania, gdyż żaden z jego budynków nie jest budowany „na wieczność". Są to budynki przejściowe, jak wszędzie w USA, rzadko kiedy koncypowane z myślą o przyszłości – do następnego trzęsienia ziemi, do następnej lub najwższej jeszcze kolejnej generacji, do kolejnego kryzysu finansowego. Perspektywa kapitału dotyczy co najwyżej średnio odległej przyszłości. Rozwój zrównoważony zredukowany jest do politycznego frazesu. Mając przed oczami nową Warszawę można interpretować zdjęcia Ewy Trafnej jako spojrzenia w tę przewidywalną przyszłość, w której autorka swym melancholijnym spojrzeniem dostrzega już kolejny upadek.

Struktury miejskie, zwłaszcza miejsca opustoszałe, są nośnikami (kolektywnej) pamięci. Jej puls jest jednak inny, z dala od pędzącej rzeczywistości. Pamięć w procesach twórczych pełni funkcję źródła inspiracji, ale jest równocześnie i instrumentem władzy. Kto steruje pamięcią ludzi, kontroluje także dynamikę pamięci, jak można przeczytać u Foucault.[5] Nie na darmo Pałac Republiki w centrum Berlina został zburzony, a nie odrestaurowany, mimo jego potencjału artystycznego, wypróbowywanego intensywnie w latach 2004-2005.[6] W mowie potocznej definiuje się pamięć (pamiętanie) jako przeciwieństwo zapominania. Pamięć zawiera jednakże w sobie i zapominanie, gdyż jest ona pewnym wyborem, wyłączeniem, porządkiem. Trafna staje się poprzez swoje prace świadkiem pamięci o tym produktywnym stanie pomiędzy, którego ikoną w międzyczasie stało się Detroit.

Prezentowany tom zbiera kilka interesujących stanowisk na temat Detroit jako ikony transformacji, z różnych perpektyw. Will Wittig, dziekan Wydziału Architektury na University of Detroit Mercy, wyznaje miastu w swej wypowiedzi miłość. Właśnie z melancholii prac Ewy Trafnej czerpie nadzieję dla miasta, w którym mieszka. W wizji Willa Wittiga, upadek Detroit jest złem koniecznym do tego, by móc zacząć od nowa, gdyż ten początek wymaga specjalnej energii i warto zadbać o jej siłę. Alfun Kliems, berlińska literaturoznawczyni i specjalistka

od literatury miejskiej, znajduje w rdzy metaforę post-apokaliptycznego miasta, w którym życie toczy się dalej, wbrew wszelkim apokalipsom. Obrazy Ewy Trafnej z Detroit traktuje jak matrycę dla Warszawy, w której koniec i nowy początek poprzez zamalowanie i przebudowanie stapiają się w jedno. Zniszczenie i śmierć jako kamienie pamięci (Stolpersteine), o które potykamy się krocząc przez miasto. Poprzez tekst warszawskiej filozofki Aleksandry Hirszfeld, odkrywamy sposób wykonania i proces powstawania prac Trafnej. Obok tego konkretnego podejścia, znajdujemy u Hirszfeld równocześnie pewną perspektywę zen w spojrzeniu na Detroit Ewy Trafnej. „Miasto duchów" postrzega Aleksandra Hirszfeld jako inspirującą nicość.
Jeśli prześledzić rozwój cyklu Trafnej Detroit na przestrzeni lat, to należy stwierdzić, że faktycznie tendencja zmierza w kierunku nicości. Im bardiej rozmywają się formy, tym silniejsze ich działanie. Wydrapane na papierze, wycięte na płótnie czy wypalone w stali – prace Ewy Trafnej ukazują uniwersalność początków i upadków widocznych w zmieniających się obliczach miast, obojętne, w jakiej części świata one się znajdują. Domy z ich podobnymi do ludzkich fizjonomiami symbolizują w malarstwie Ewy Trafnej owe światy między życiem a śmiercią, między upadkiem a nowym początkiem. Puste oczy domów patrzą na oglądającego, wruszają, budzą tęsknotę za przeszłością, w której to zdajemy się rozpoznawać - najczęściej zbyt nostalgicznie – wizję jakiejś przyszłości.

Tłumaczenie: Renata Szpigiel

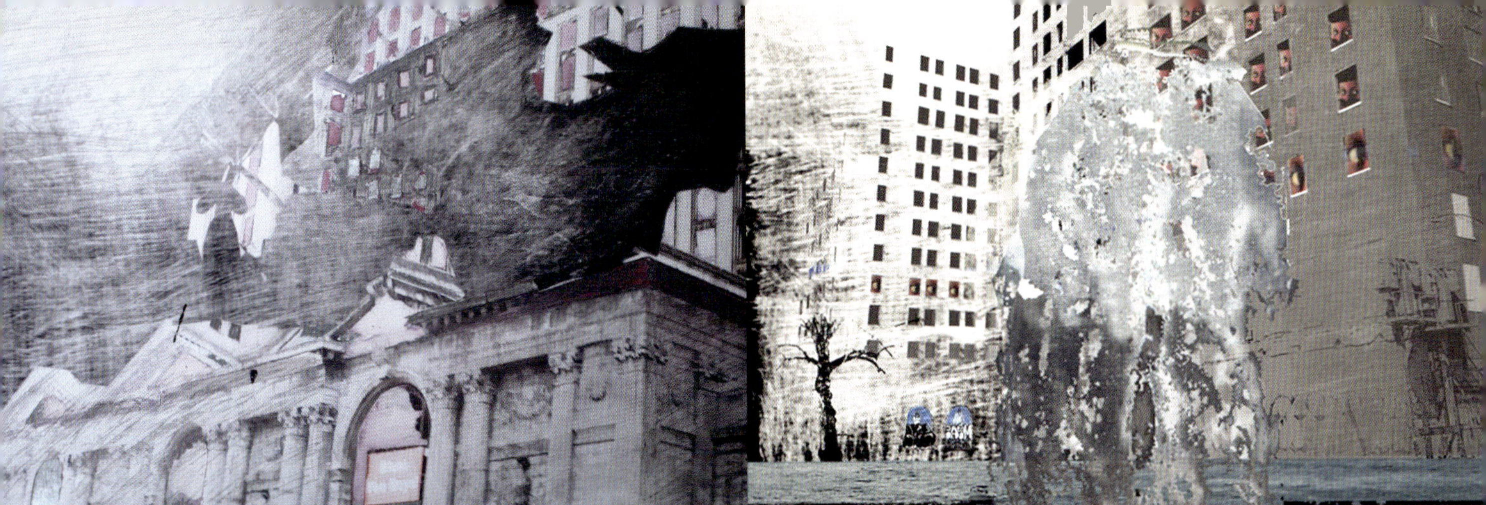

Jede politische Ordnung kartiert und kodiert die Welt neu, bringt die eine Schicht zum Verschwinden und legt ein neues Zeichensystem über die bekannte Welt. So entstehen die kulturell, semiotisch und semantisch komplexen Texte, mit denen wir tagtäglich zu tun haben: Landschaften, Städte, öffentliche und private Räume.

Every political order maps and codifies the world anew, causes one layer to disappear and superimposes a new system of symbols upon the familiar world. That is how the culturally, semiotically, and semantically complex texts that we encounter every day develop: landscapes, cities, public and private spaces.

Każdy porządek polityczny kartuje i koduje świat na nowo, powoduje zniknięcie jednej warstwy, nakładając na znany nam świat nowy system znaków. W ten sposób powstają teksty złożone pod względem kulturalnym, semiotycznym i semantycznym, z którymi mamy na co dzień do czynienia: krajobrazy, miasta, przestrzenie publiczne i prywatne.

Karl Schlögel, 2008

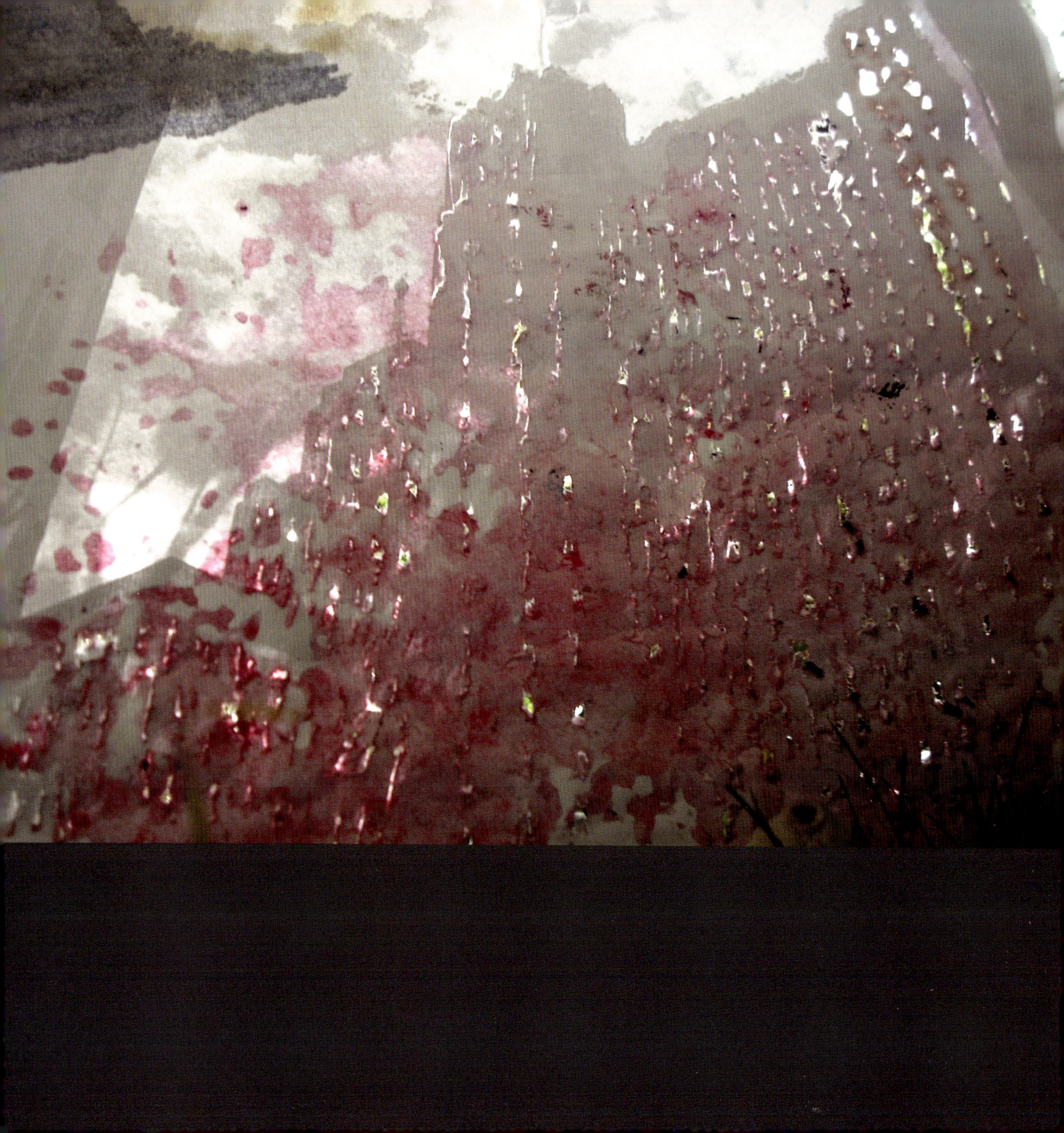

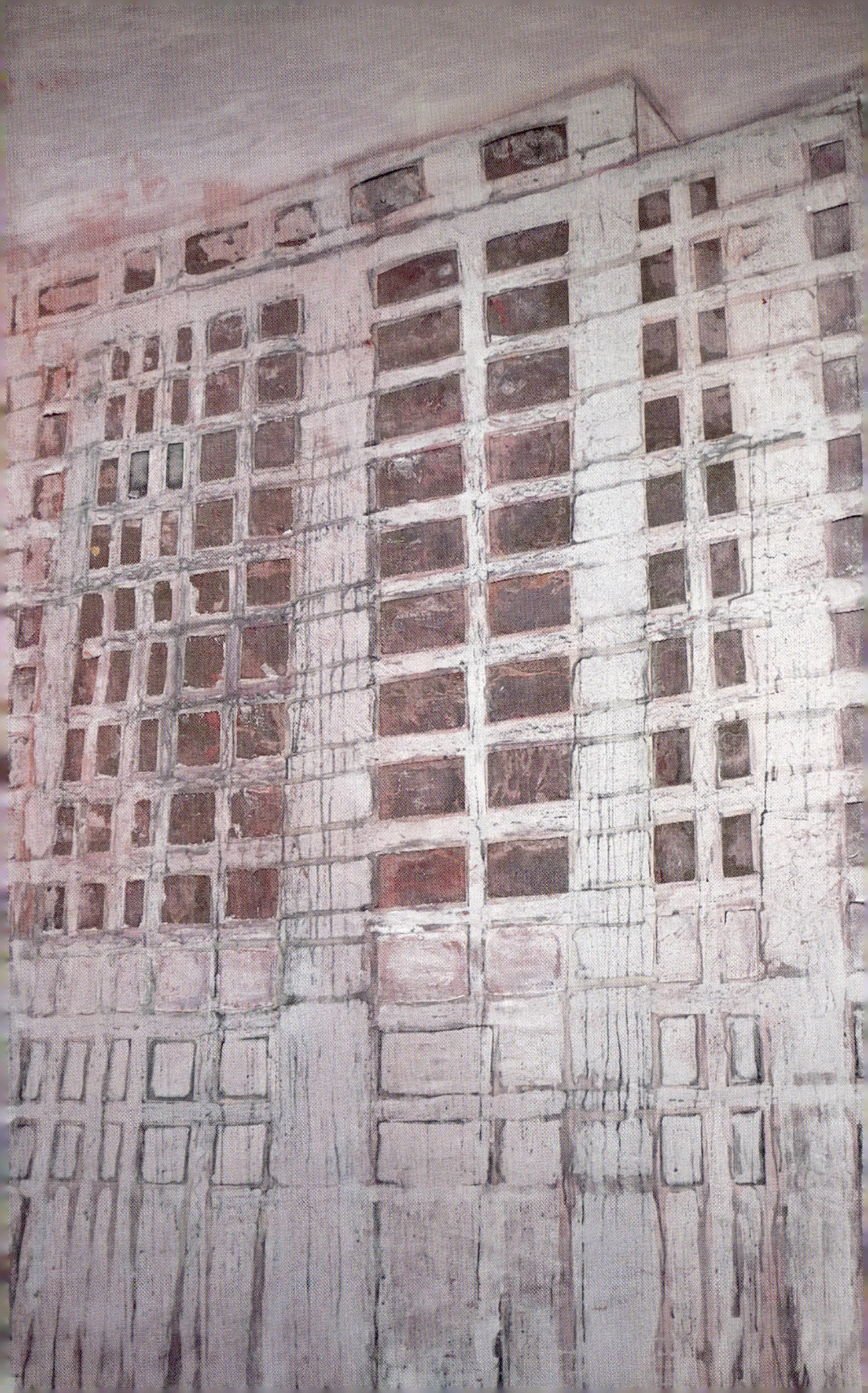

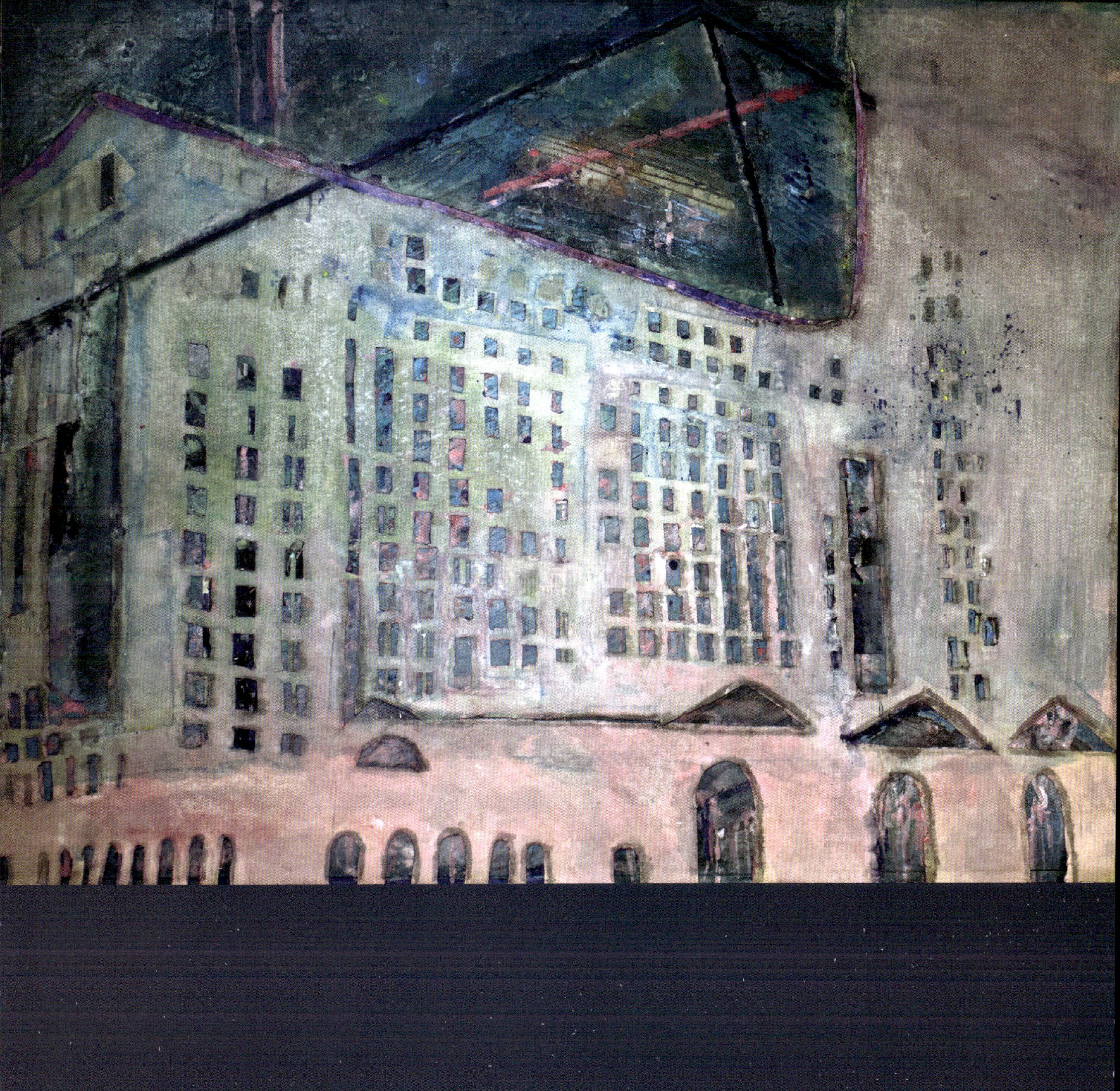

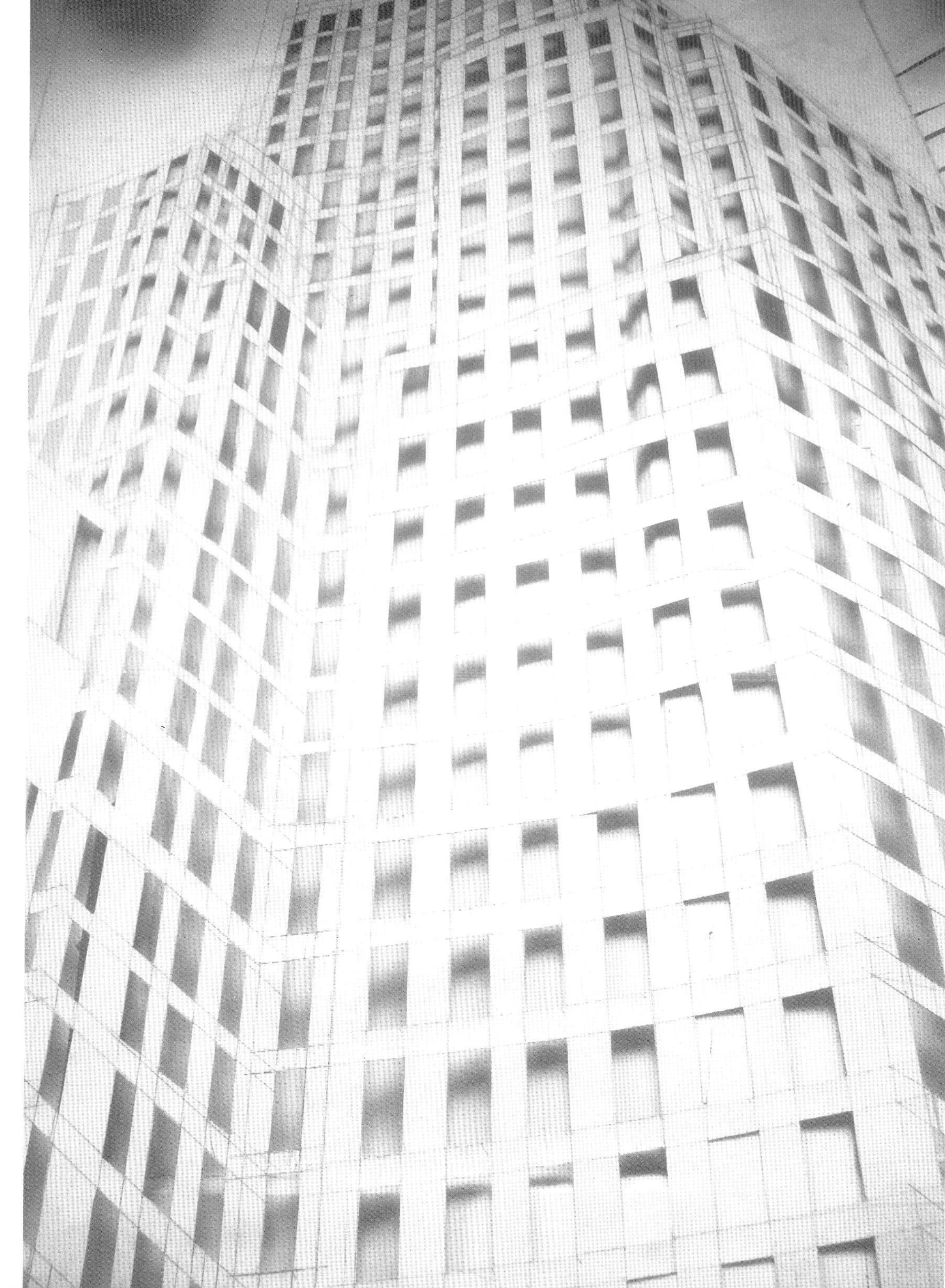

WILL WITTIG
DETROITS GESCHICHTE

Ein urbanes Setting ist zugleich ein bewohnter Raum, eine Landschaft kollektiver Erinnerung und ein Heraufbeschwören der Zukunft. Unsere Städte dienen als ungeplantes und unbeabsichtigtes Zeugnis unseres Zusammenlebens, können aber auch als Zukunftsvorhersagen gelesen werden. Detroit ist, wie jede andere Stadt auch, ständig im Wandel, aber in diesem speziellen Fall diente die Stadt oft als Symbol – als Illustration der Entwicklung des post-industriellen Amerikas. Detroit gilt weithin als ikonische Repräsentation des post-industriellen urbanen Niedergangs im Mittleren Westen. Und dieser Teil unseres Narrativs tendiert dazu, das Bild von Detroit, das sich der Rest der Welt macht, zu dominieren.

Wie in den meisten Narrativen, die immer wieder erzählt werden, steckt ein Stückchen Wahrheit in dieser Geschichte, doch ist sie weitaus komplexer als ihre einfache allegorische Lesart. Viele Kräfte wirken an Detroits ständiger Weiterentwicklung mit. Es ist ein komplexer Organismus, der von Millionen Ängsten und Ambitionen beeinflusst wird. Aus der Entfernung betrachtet lassen sich jedoch Muster eines Energieflusses ausmachen, die den Stadtkörper durchströmen, wenngleich die von individuellen 'Zellen' hervorgerufenen Veränderungen auch unkoordiniert sind. Im Prozess der Veränderung dient die eigentliche physische Landschaft als Palimpsest. Mauern und Landschaften werden entweder aufgegeben oder durch neue Aktivitäten transformiert. Oder aber sie werden schlicht von der Patina des Alterns bedeckt; in diesem Prozess dienen sie als lebendiges Zeugnis des früheren Selbsts der Stadt. Allzu oft jedoch wird die Rolle der Stadt als Hüter von Erinnerung ignoriert bzw. ausradiert, sodass es dem künstlerischen Auge zufällt, tiefgründiger auf die Stadt zu blicken, die Geschichte anzuhören, die sie erzählt, und diesen Moment des Narrativs als Zeuge festzuhalten. Ebenso beginnt die Stadt offenzulegen, wohin sie sich entwickelt. Etwas Neues tritt oft erst langsam in Erscheinung, unmerklich zunächst. Dieses Hervortretende kann nur in der Zeitlupenversion eines rückwärts abgespulten Films wahrgenommen werden, um die ersten Momente von etwas Neuem in ihrem Beginn erkennbar werden zu lassen. Und wieder ist es der künstlerische Blick, der die Zukunft der Stadt vermutlich aufmerksamer wahrnimmt. Energie kann in einer besonderen Situation eher von jemandem bemerkt werden, der einen Beobachtungsposten einnimmt.

Ewa Trafnas Detroit-Zyklus ist ein herausragendes Beispiel für jenen künstlerischen Blick, der auf einen bestimmten Moment in der Evolution der Stadt gelenkt wird. Während ihres Aufenthalts an der University of Detroit Mercy School of Architecture wurde deutlich, wie sehr sie vom Geist der Stadt erfasst worden war. Dieser Geist wirkt ein wenig unter der Oberfläche, dem flüchtigen Beobachter verborgen. Einerseits ein Gefühl der Trauer über die allgegenwärtige Leere in Detroits Fabriken und Vierteln beinhaltend, so bringt er andererseits doch auch einen starken Sinn für Widerstandskraft und Leben spendende Energie mit sich. Nicht umsonst ist das offizielle Motto der Stadt „Wir hoffen auf eine bessere Zukunft. Sie wird aus der Asche auferstehen." – ein Verweis auf den zerstörerischen vorindustriellen Brand im Jahre 1805. Das damals eingefleischte Selbstverständnis, dass wir uns durch einen speziellen Optimismus definieren, gilt heute noch immer. Dieses stets vorherrschende Gefühl, wir würden uns durch einen ganz speziellen Optimismus auszeichnen, der in den Herausforderungen begründet liegt, denen wir uns gegenüber sehen, trifft auch heute noch zu. Ewa Trafnas Arbeiten erfassen dieses Wesen auf tiefgreifende Weise. Für den Betrachter, der die

Möglichkeit hat, ihre reiche Sammlung an Detroit-Gemälden in Augenschein zu nehmen, ist dieser Sinn für die Stadt als Erinnerung ihrerselbst und gleichzeitig als Heraufbeschwörung ihrer Zukunft unverkennbar. Anders als die zahllosen Fotos von Detroits Verfall, die in Amerika oft als "Ruinenpornographie" bezeichnet werden, schlachten diese Werke nicht das symbolische Spektakel eines Scheiterns aus, sondern helfen stattdessen, unsere Geschichte ehrlich zu erzählen.

Selbst jetzt, in Anbetracht der Weiterentwicklung der Stadt in den nur fünf kurzen Jahren seit Ewa Trafnas Besuch, kann man klar erkennen, wie sehr ihre künstlerische Intuition sich als prophetisch erwiesen hat. Wie seit jeher lebt die Stadt in einem Geist aus Resilienz und Innovation. Das Gefühl der Sehnsucht nach einem unerfüllten Versprechen aus der Vergangenheit ist für Detroits Bewohner noch immer Teil der psychischen Landschaft. Doch ist diese Melancholie heute sehr viel erträglicher, als Kontrapunkt zu den vielen positiven Zeichen der Entwicklung, die wir erleben. Und mit dieser erneuten Ausbalancierung der Kräfte werden solche Kunstwerke, die uns dabei helfen, uns an etwas zu erinnern, was wir ansonsten womöglich bald vergäßen, umso bedeutsamer. Wie es nur eine Künstlerin von weither vermochte, hat uns Ewa Trafnas wunderschöner Zyklus geholfen zu verstehen, wer wir sind, woher wir kommen und wohin wir gehen.

Übersetzung: Sarah Schorlemmer

WILL WITTIG
DETROIT'S STORY

The urban setting is simultaneously a space that is inhabited, a landscape of collective memory, and an evocation of the future. Our cities serve as an unplanned and unintentional record of our shared life together, and can be read as predictors of our future as well. Detroit, like any city, is constantly in flux. But in this particular case the city has often served a symbolic function - as an illustration of the trajectory of post-industrial America. Detroit is often thought of as the iconic representation of post-industrial urban decline in the Midwestern United States, and that segment of our narrative tends to dominate the rest of the world's image of Detroit.
Like most narratives that are retold often, there is truth in that story, but the story is more complex than its simple allegorical reading. Many forces are at work in Detroit as it continues to evolve. It is a complex organism that is influenced by millions of individual fears and aspirations. From a distance, patterns of energy flow can be seen. They move through the body of the city even though changes initiated by individual 'cells' are uncoordinated. And as it changes, the actual physical landscape serves as a palimpsest; walls and landscapes are either left behind, or transformed by new work, or simply take on the patina of age, and in that process they serve as a living record of the city's former self. However, too often the city's role as memory keeper is ignored or even erased, so it falls to the artistic eye to look more carefully at the city, to hear the story it is telling, and to record that moment in the narrative as a witness.
Likewise, the city is also beginning to reveal what it is becoming. A new thing will often emerge slowly, unrecognizable at first; an emergence that can only be seen through the slow motion reversal of the film so the first moments of something new can be recognized at their beginning. And again it is the artistic gaze that is perhaps more keenly aware of the city's future. Energy in a particular situation may be noticed early by one who is on the lookout.
Ewa Trafna's Detroit series is a compelling example of the artistic gaze that is attuned to a particular moment in the city's evolution. During her residency at the University of Detroit Mercy School of Architecture, it was clear that she was captivated by the spirit of the city. That spirit is one that moves a bit below the surface, somewhat hidden from the casual observer. Although it does include a sense of sorrow for the pervasive emptiness in its factories and neighborhoods, it also carries with it a strong sense of resilience and life-giving energy. In fact, the city's official motto is "We hope for better things; it will arise from the ashes," which is a reference to a devastating pre-industrial fire that occurred in 1805. That perpetual sense that we are defined by a particular kind of optimism that is grounded in the challenges we face is still appropriate today. Ewa Trafna's work captures that essence in a profound way. For the viewer who has the opportunity to contemplate her prolific collection of Detroit paintings, that sense of the city as a memory of itself and a simultaneous call to its future is unmistakable. Unlike the countless photographs of Detroit's decay, often referred to in America as "ruin-porn," this work does not exploit the symbolic spectacle of failure, but instead helps to honestly tell our story.
Even now, considering the trajectory of the city only five short years since her visit, one can see much more clearly how that artistic intuition has proven to be prophetic. As it always was, the city is alive with a spirit of resilience and innovation. The sense of longing for unfulfilled promise in the past is still also part of the psychic landscape for Detroit's citizens, but that melancholy is much more bearable today as a counterpoint to the

many positive signs of development we are experiencing. And with that rebalancing, it becomes even more important for this kind of work to help us remember what we might soon forget. As only an artist from another place could do, Ewa Trafna's beautiful body of work has helped us understand who we are, where we come from, and where we are going.

WILL WITTIG
HISTORIA DETROIT

Miejska sceneria wypełniona jest zarówno przestrzenią mieszkalną, jak i krajobrazem zbiorowej pamięci oraz ustawicznym przywoływaniem przyszłości. Nasze miasta są niezaplanowanym i niezamierzonym świadectwem życia, które stale ze sobą dzielimy, wszystkie jednak miasta można odczytywać także jako przepowiednie przyszłości. Detroit, jak każde inne miasto, podlega nieustannym zmianom, ale w tym wyjątkowym przypadku wielokrotnie służyło jako symbol czwartego wymiaru – ilustracja drogi rozwoju postprzemysłowych stanów Ameryki Północnej. O Detroit myśli się często widząc w nim wręcz ikoniczną reprezentację epoki postprzemysłowego upadku środkowych Stanów Zjednoczonych, i taka właśnie narracja ma tendencję do zdominowania wyobrażenia reszty świata o Detroit.

Jak w większości często powtarzanych narracji, również i w tej historii tkwi ziarno prawdy, ale opowieść o tym mieście jest bardziej złożona niż zwykłe alegoryczne odczytywanie Detroit. Na rzecz stałego rozwoju metropolii oddziałuje wiele różnych sił. Każde miasto jest złożonym organizmem, na który wpływ mają miliony obaw i ambicji, lecz patrząc z dystansu rozpoznać można pewien złożony wzór przepływu energii, przemieszczającej się przez jego organizm, mimo że wywoływane w Detroit zmiany dokonywane przez indywidualne „komórki" są nieskoordynowane. W procesie zmiany właściwy krajobraz fizyczny służy za palimpsest; mury i krajobrazy albo się porzuca, albo transformuje przez nowe działania, albo pokrywa je zwykła patyna starzenia się – w tym akurat procesie tkanka muru i krajobrazu służy za żywe świadectwo byłego Ja miasta. Zbyt często jednak ignoruje się lub nawet niweluje rolę miasta jako nośnika pamięci, tak że zadanie, by głębiej spojrzeć na miasto, usłyszeć historię, którą opowiada i uchwycić ten jeden jedyny niepowtarzalny moment w narracji świadka, przypada wyłącznie spojrzeniu artysty.

W taki sam sposób miasto zaczyna prezentować, czym się stało. Coś nowego powstaje powoli, najpierw niezauważalnie. Pojawienie się czegoś nowego można zauważyć jedynie w filmie wyświetlanym w zwolnionym tempie od końca do początku, gdy pierwsze momenty czegoś nowego dostrzega się dopiero na końcu, a to był przecież początek. I znów będzie to spojrzenie artysty, które być może z większą uwagą uświadamia sobie przyszłość miasta. Energia danej, szczególnej sytuacji może zostać odpowiednio wcześniej zauważona przez kogoś, kto przyjmuje rolę obserwatora.

Cykl prac Ewy Trafnej o Detroit jest niezwykłym przykładem takiego spojrzenia artystycznego, które nastawia się na ten właśnie szczególny moment w ewolucji miasta. Podczas pobytu na University of Detroit Mercy School of Architecture okazało się, że artystkę zafascynował duch tego miasta. Ukazuje się wybranym, krążąc nieco pod jego powierzchnią, niewidzialny dla mało wrażliwego obserwatora. Mimo że ów duch przepełniony jest poczuciem smutku wynikającym z przenikającej wszystko pustki, z bezruchu fabryk i apatii dzielnic, rozpiera go także witalność, stanowiąca energię do życia. Nie na darmo oficjalne motto miasta brzmi: „Oczekuj lepszych czasów, a wszystko powstanie z popiołów", co bezpośrednio odnosi się do Wielkiego Pożaru w 1805 roku, który doszczętnie strawił drewniane jeszcze miasto przed epoką uprzemysłowienia.

Wieczne przekonanie, że definiuje nas pewien rodzaj optymizmu, mającego swoje korzenie w wyzwaniach, którymi musimy stawiać czoła, obowiązuje w dalszym ciągu. Prace Ewy Trafnej uchwyciły esencję tego stanu rzeczy w sposób nad wyraz wnikliwy. Dla odbiorcy, który w spokoju ma możliwość obejrzenia jej niezwykle

bogatego cyklu prac malarskich dotyczącego Detroit, łatwo rozpoznawalne jest znaczenie tego miasta jako pamięci o nim samym, a jednocześnie odnoszenie się do jego przyszłości. Inaczej niż niezliczone fotografie ukazujące upadek Detroit, nazywane w USA „pornografią ruin", prace Trafnej nie eksploatują symbolicznego spektaklu klęski, lecz pomagają nam uczciwie opowiedzieć historię.
Nawet teraz, w obliczu dalszego rozwoju miasta, dokonanego w ciągu ostatnich czterech lat, które minęły od wizyty artystki w Detroit, widać niezwykle jasno, jak bardzo jej intuicja artystyczna okazała się prorocza. Dawne upadłe miasto żyje dziś w duchu prężności i innowacji. Poczucie tęsknoty za niespełnioną w przeszłości obietnicą w dalszym ciągu stanowi część psychicznego krajobrazu mieszkańców Detroit, lecz dziś dużo łatwiej znieść tę melancholię jako przeciwieństwo bardzo wielu pozytywnych znaków rozwoju, których doświadczamy. A dzięki temu zupełnie nowemu zbalansowaniu emocji dzieło artystki staje się tym bardziej znaczące, ponieważ może nam pomóc we wspominaniu tego, o czym niebawem być może zapomnimy. Tego mogła dokonać wyłącznie wyraźna indywidualność twórcza, artystka pochodząca z daleka – wybitny cykl prac Ewy Trafnej pomógł nam zrozumieć, kim jesteśmy, skąd przychodzimy i dokąd zmierzamy.

Tłumaczenie: Agnieszka Grzybkowska

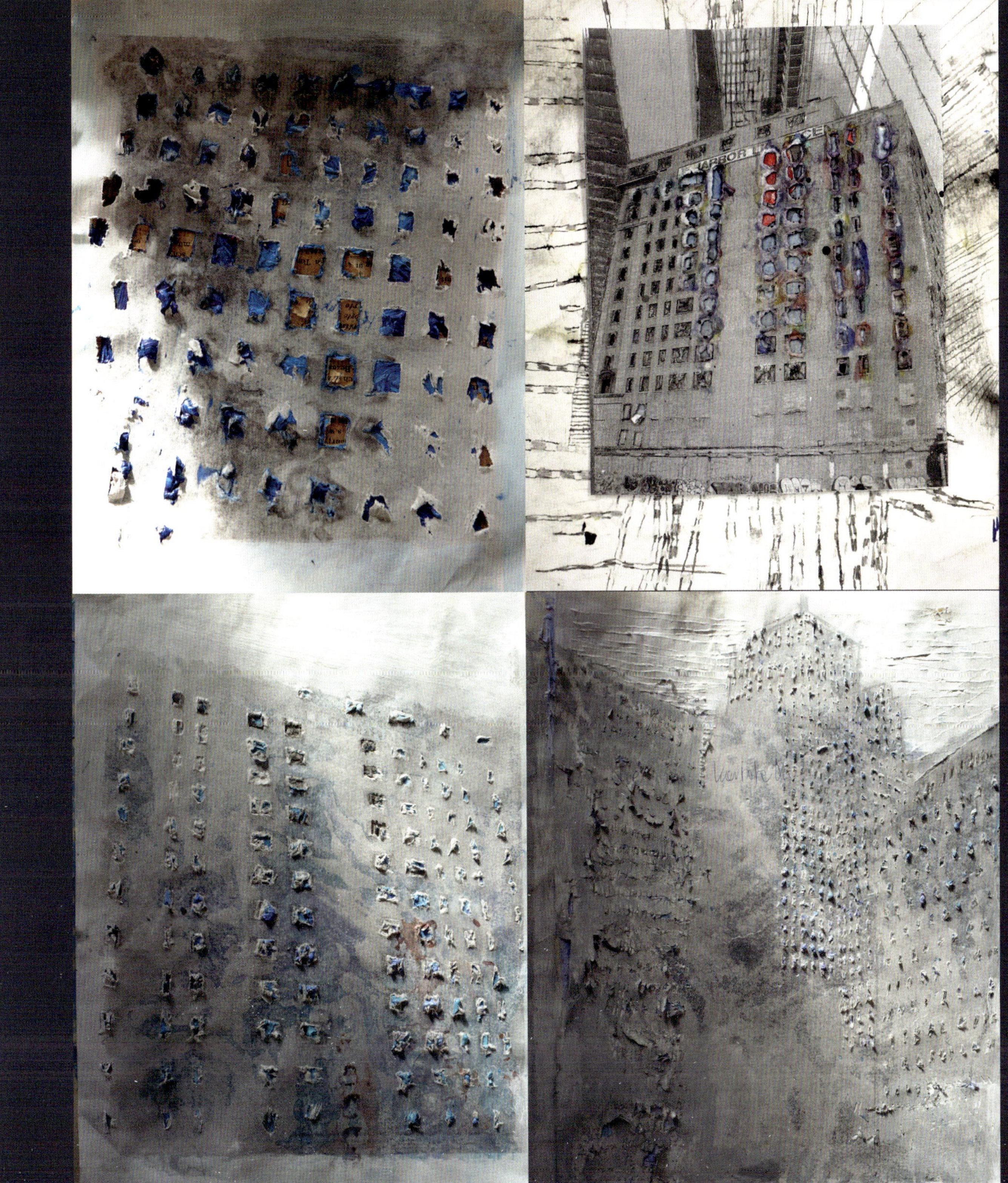

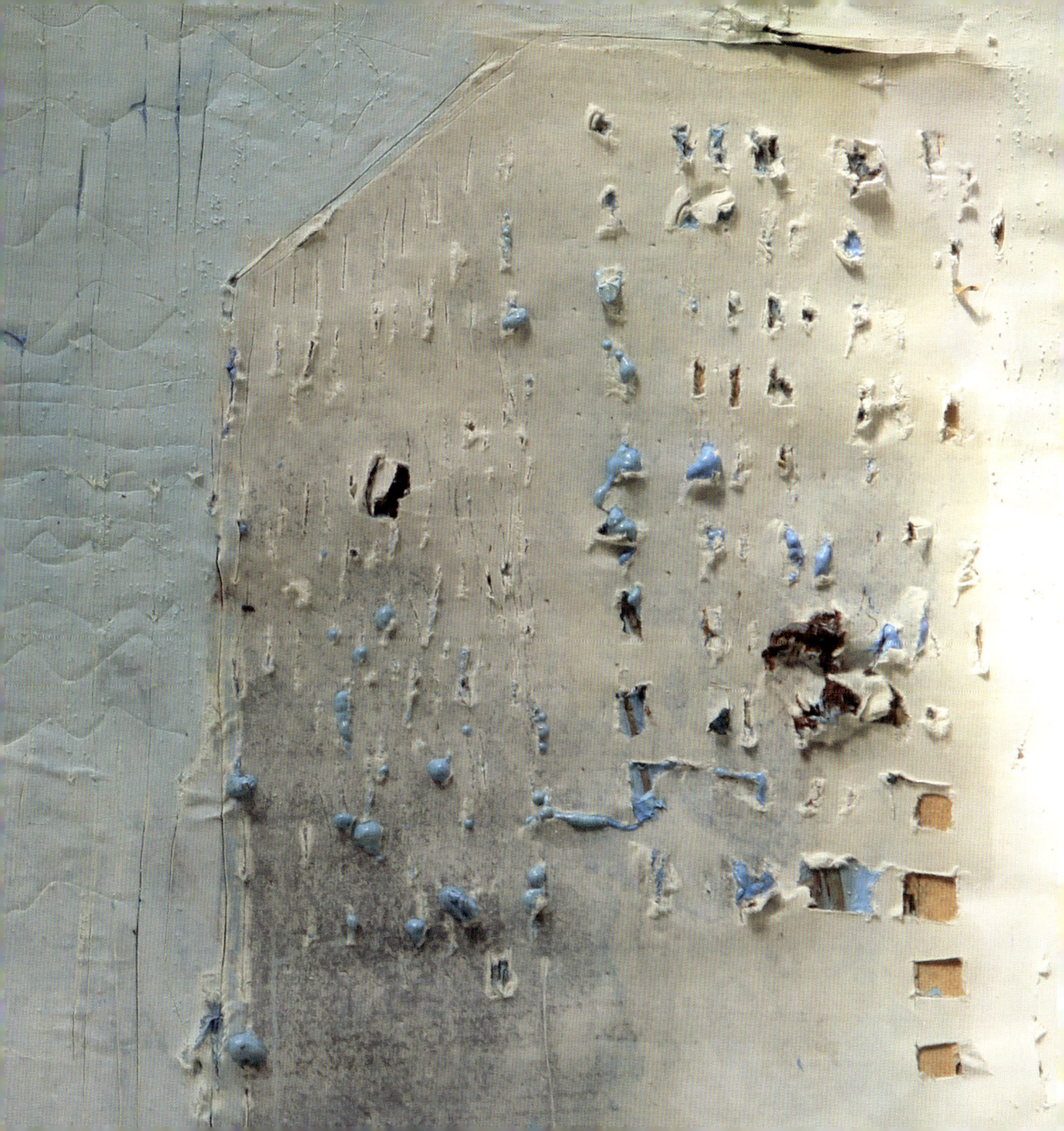

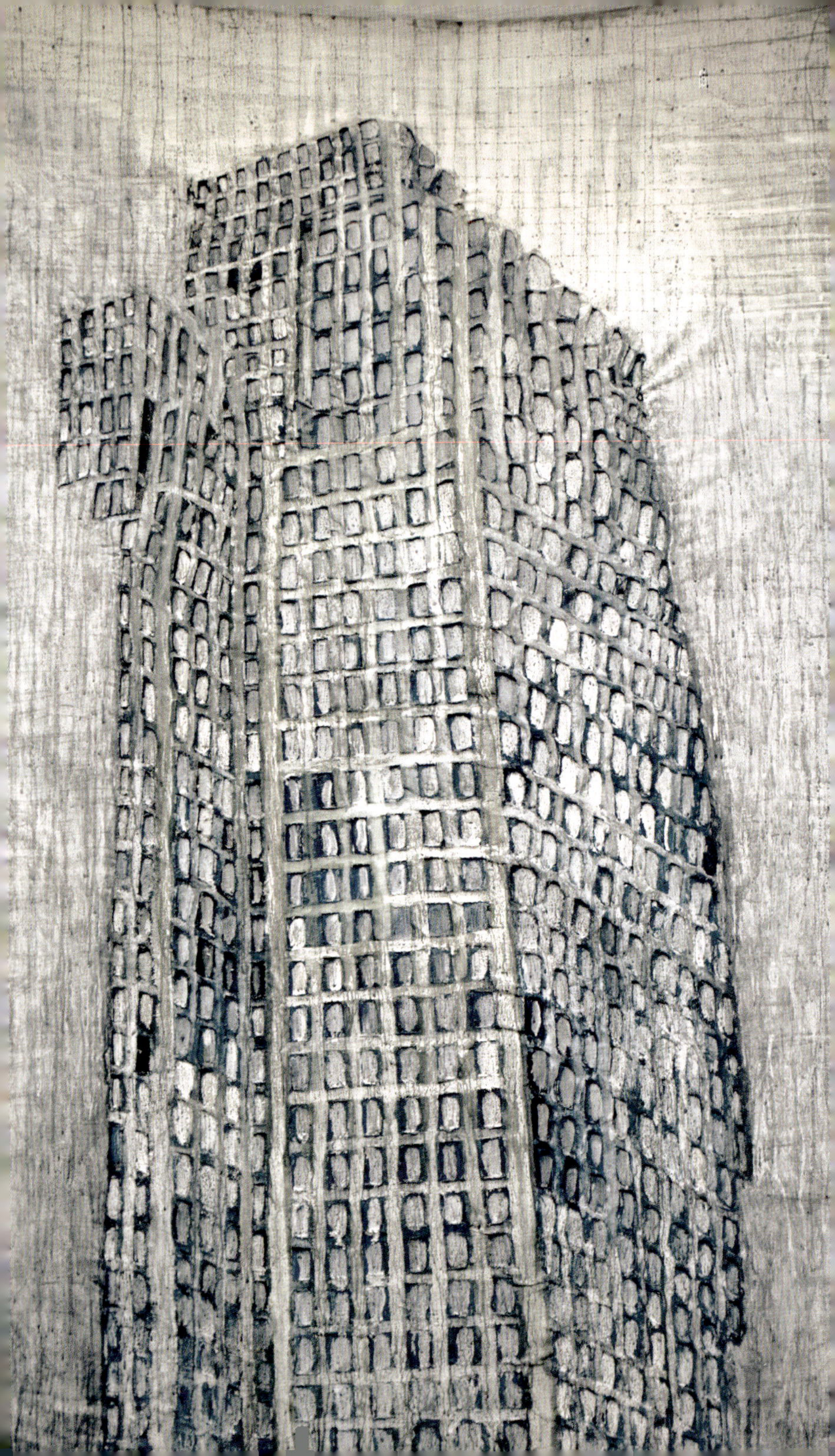

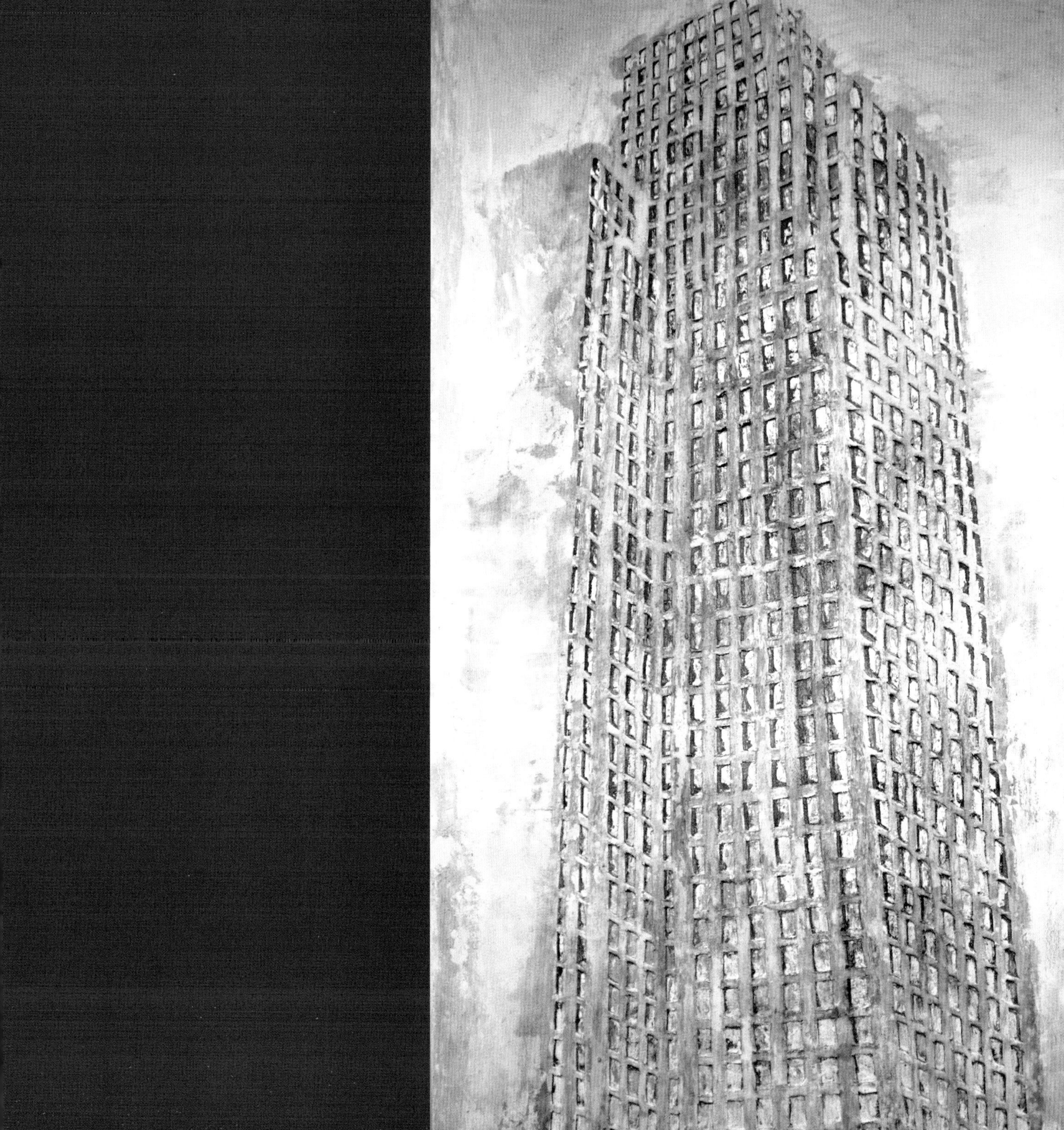

Wer derzeit in den Stadien des östlichen und mittleren Europa unterwegs ist, traut seinen Augen nicht. Die Intervalle, in denen sich Städte ändern, werden immer kürzer. [...] Ideen und Reiche vergehen, aber nicht der Ort.

Anyone currently moving through the stages of Eastern and Central Europe will not be able to believe his eyes. The intervals in which cities change grow smaller and smaller. [...] Ideas and empires pass away, but not the place itself.

Kto dziś bywa w różnych stadiach Europy środkowej i wschodniej, nie wierzy własnym oczom. Interwały, w których zmieniają się miasta, stają się coraz krótsze. [...] Idee i cesarstwa przemijają, ale nie miejsca.

Karl Schlögel,1997

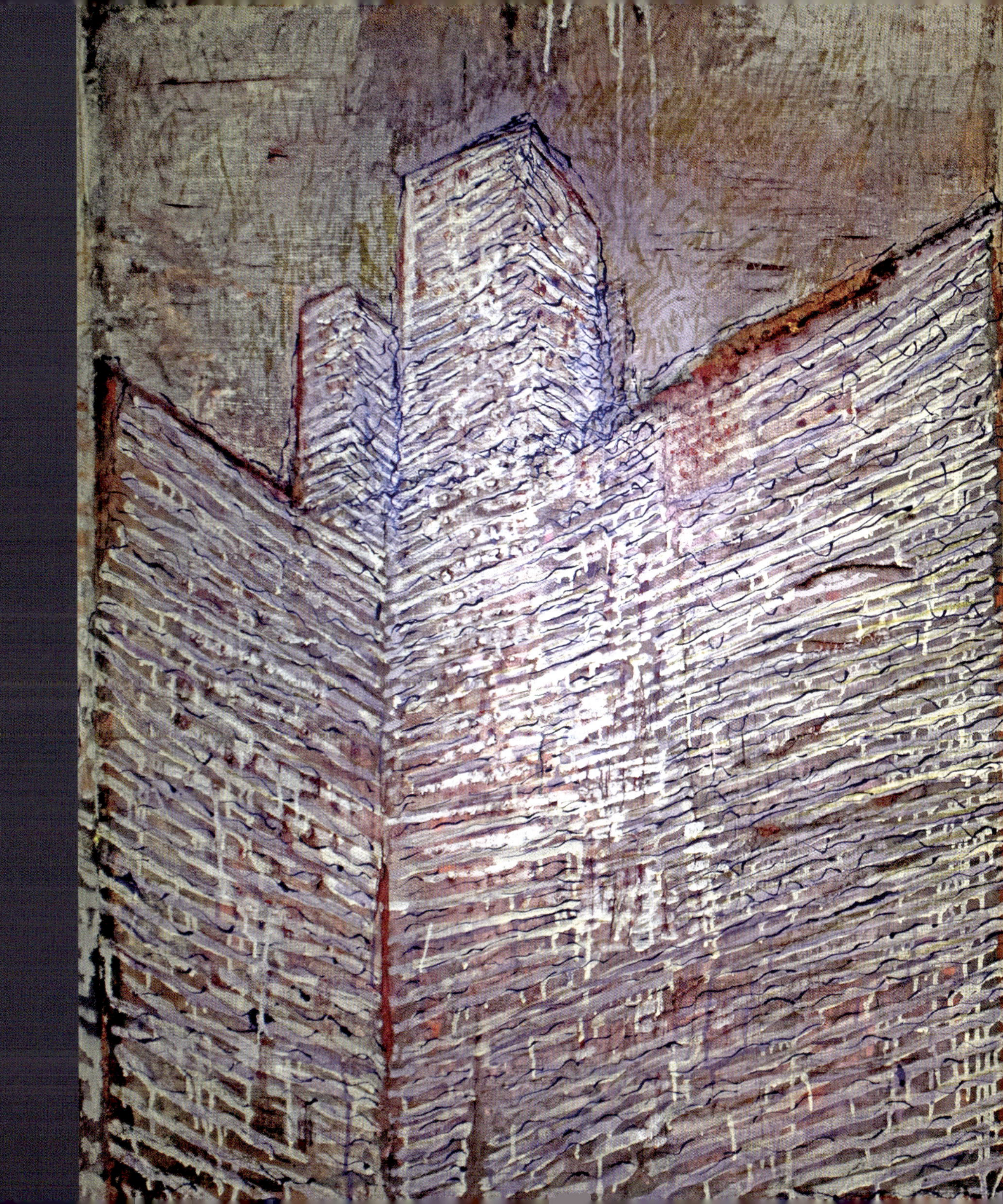

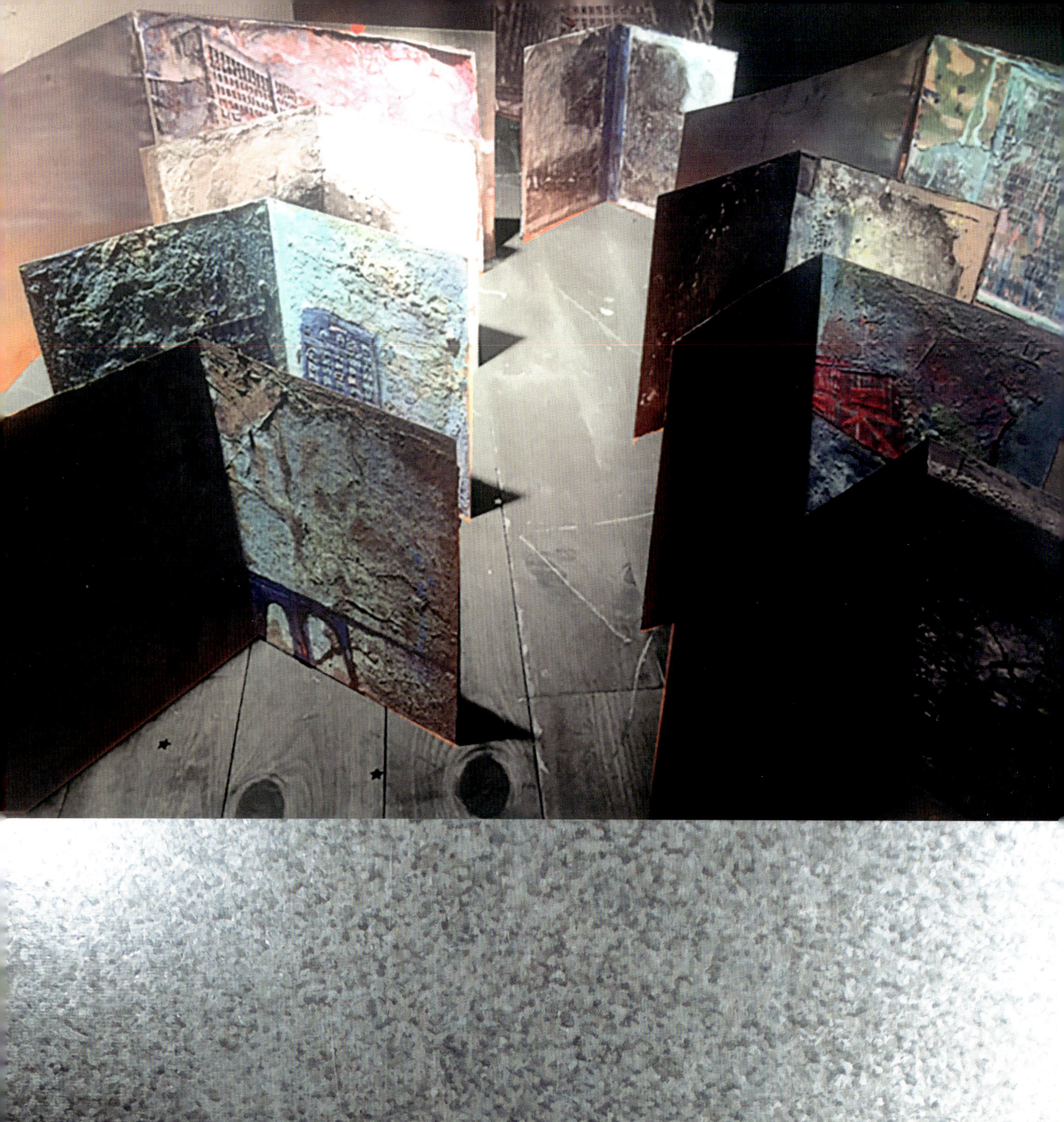

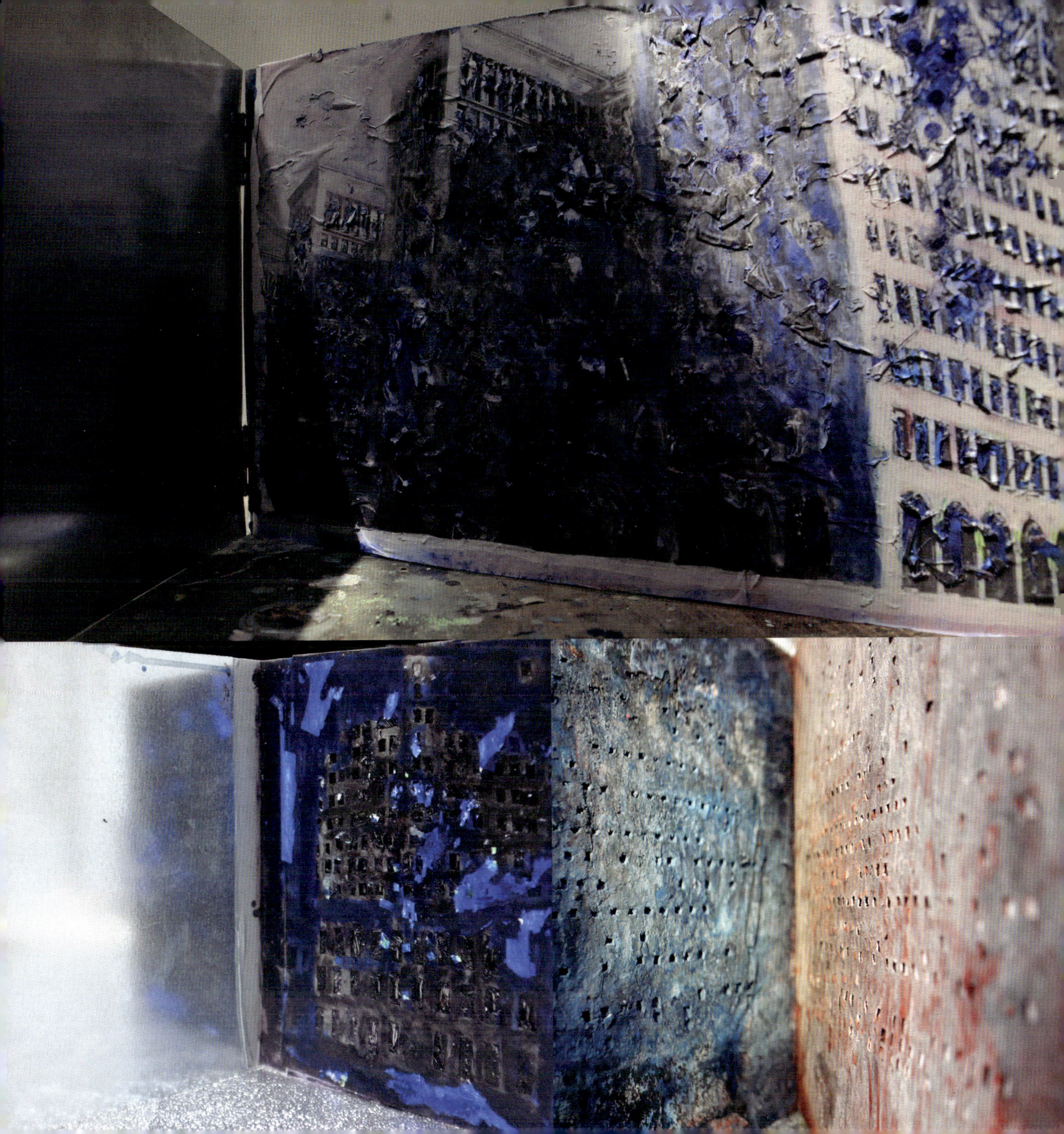

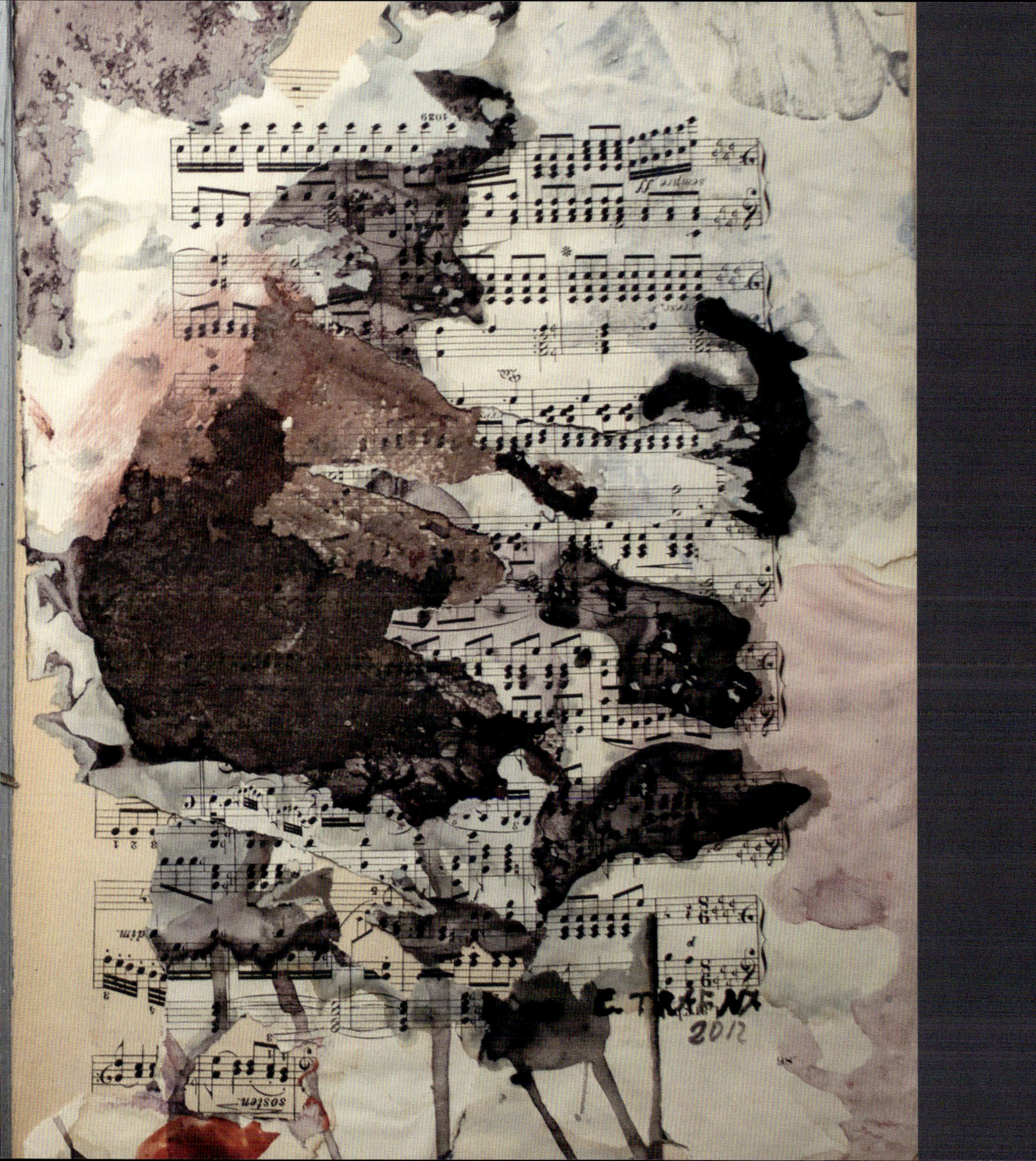
2012

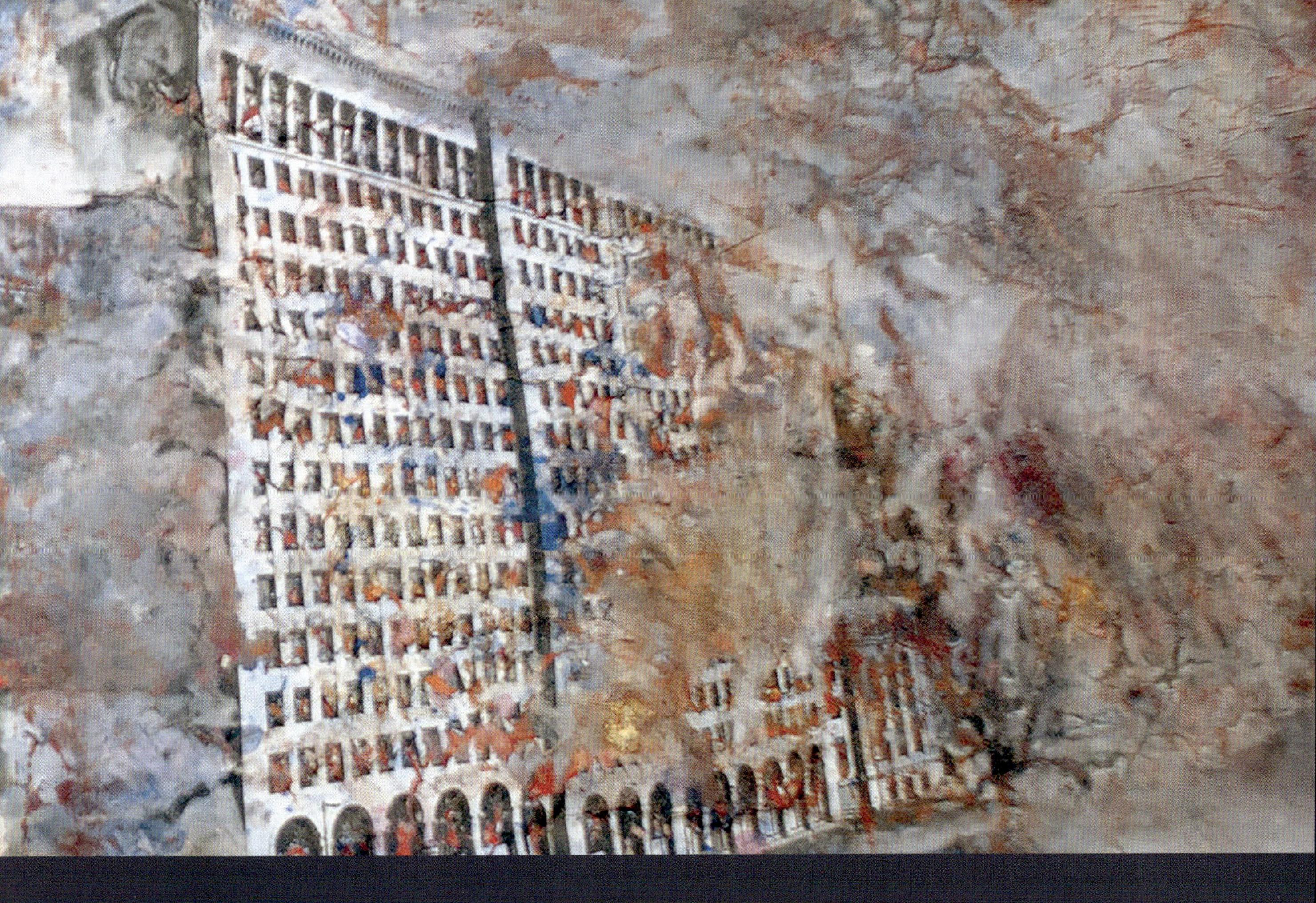

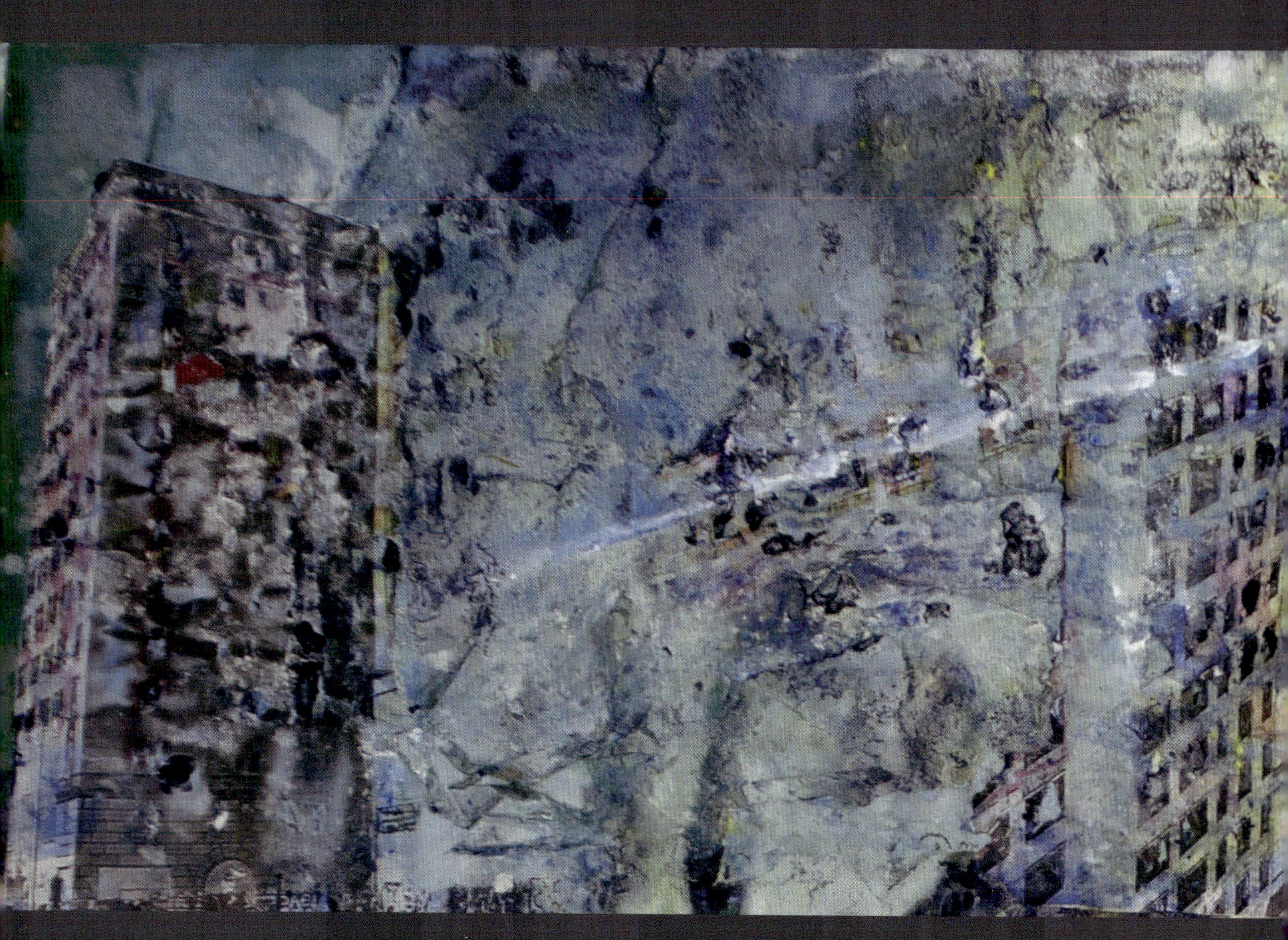

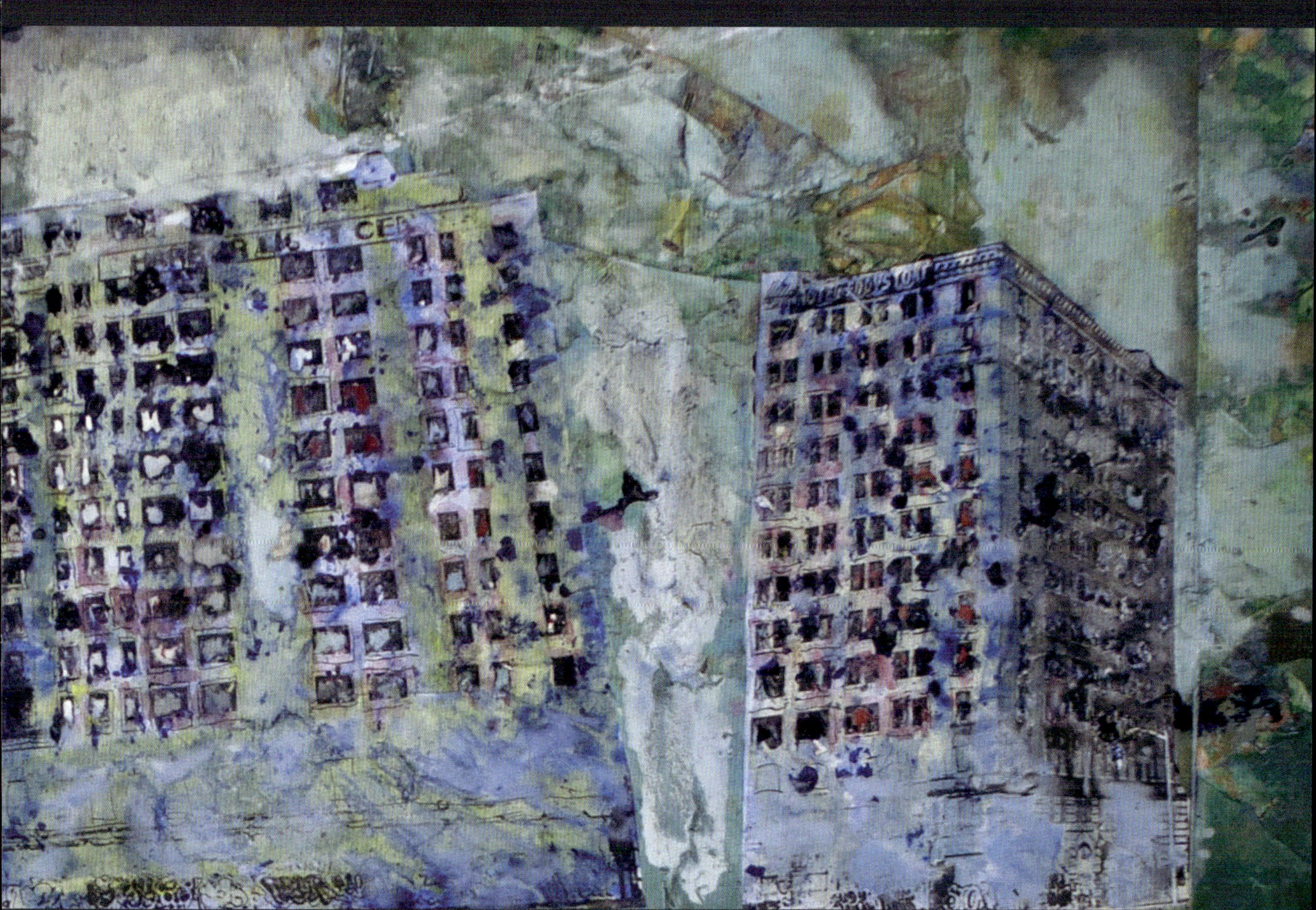

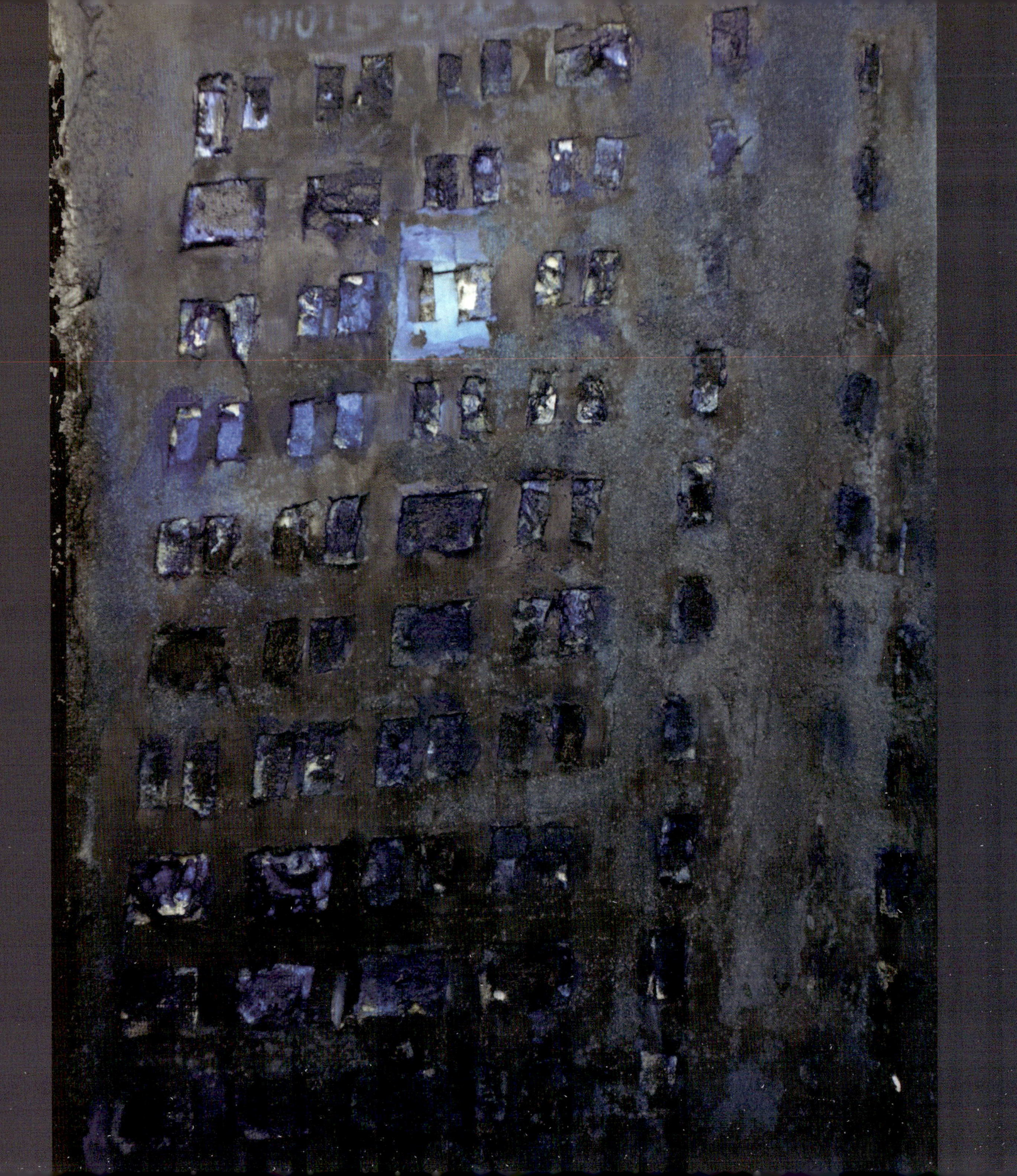

ALFRUN KLIEMS

EWA TRAFNA, DER ROST UND DIE AISTHESIS DER POST-APOKALYPTISCHEN STADT

Rost, schreibt Torsten Körner, sei „kein eigenständiges Material, er ist aber eben auch nicht immateriell, der Rost tanzt zwischen den Zeiten und Zuständen, er ist ein immer fortwährendes Währen."[1] Rost, das ist Sauerstoff, der Eisen zersetzt. Aufgedunsenes Metall, das seine Glätte verloren hat, seine Zähigkeit. Rost ist noch lange nicht der Tod einer Struktur, wohl aber der spröde und splitternde Beweis ihrer Vergänglichkeit. Rost ist das Phänomen und das Bild, in dem unbelebte Materie der organischen näher scheint als in jedem anderen. Rost ist lebendig und krank, irgendwie heroisch und auf morbide Weise romantisch.

Auch deshalb weist der *Rust Belt*, die emblematische Niedergangsregion der postindustriellen USA, über sich selbst, das heißt über den als Untergang einer Welt erlebten wirtschaftlichen Wandel, hinaus. Sein symbolisches Zentrum Detroit meint deshalb mehr als ein Kürzel für öffentliche Insolvenz, für Leerstand und Verfall, für sozialen Strukturverlust. Vielmehr lässt sich in Detroit, und zumal in dem Detroit der Polin Ewa Trafna, eine Universalie ausmachen, die dem urbanen Text der Moderne vielleicht sogar grundsätzlich innewohnt: die Aisthesis der post-apokalyptischen Stadt.

Das gesagt, komme ich nicht umhin, Trafnas Geburtsstadt anzusprechen, Warschau. Die offensichtlich post-apokalyptische Stadt schlechthin. Viele Städte sind im Zweiten Weltkrieg zerstört worden. Doch kaum eine wurde mit einem ähnlich existenziellen Vernichtungsvorsatz ausgelöscht – und anschließend mit solchem Behauptungswillen wieder hergestellt. Es mag deshalb frivol anmuten, die Apokalypse Warschaus in eine Kontinuität mit dem Verfall Detroits zu bringen. Indes vermute ich gerade in dieser vordergründigen Frivolität eine Pointe, die mir ertragreich scheint im Blick auf unsere Städte und unsere Zeit. Denn eine Apokalypse ist ja keine historische Tatsache, sondern eine rhetorische Figur. Jeder Weltuntergang ist relativ, nämlich der Untergang *einer* Welt. Selbst Karthago oder Ninive erlebten entgegen aller Verzweiflung und Trauer nicht *das*, sondern *ein* Ende. Und dennoch unterstellt ihr Stadttext – oder unterstellt vielmehr jeder urbane Text, mit dem Ende der jeweiligen Polis ende alles.

Dies indes ist durchaus ernst zu nehmen, diese „Sorge um das Selbst", um Michel Foucault aufzugreifen, als Sorge um den Erdkreis. Und genau das tut Ewa Trafna mit ihren Detroit-Bildern, die sich für die post-heroische Option eines nicht-lakonischen Verhältnisses zum Tod entscheiden. Zum Verlust als Voraussetzung von Erneuerung zwar, doch stets unter Einschluss von Rosten und Tod, also dem Untergang von etwas oder jemandem, den ein Subjekt geliebt hat.

Anders als in ihren „Rostbildern", stellt Trafna in den Fotocollagen aus Detroit *das* Signum der Moderne auf eine fast schon mystische Weise aus: Wolkenkratzer. Trafna fotografiert sie schräg von unten, lässt ihre Spitzen im Himmel auslaufen. Gäbe es bei ihr Fußgänger, würden sie unter den niedrigen Horizont aus Stein, Glas und Beton gedrückt. Es sind aber nirgends Menschen zu sehen, auch das ein Klischee der post-apokalyptischen Stadt. Deren Leere spiegelt sich in einem sanften Grau des Himmels – und in einem satten Blau, das aus den Fensteröffnungen der Hochhäuser zu quellen scheint. Mit diesem an Yves Klein erinnernden Blau kommt das Mystische ins Spiel, wird eine Hoffnung zumindest angedeutet, ein Überleben des Urbanen in der Kunst.

Trafna schafft in ihren Werken Apotheosen des Stillstands, indem sie das thanatologische Fatum der Roststadt Detroit im Palimpsest einfängt: Sie reißt, ritzt und klebt; sie schneidet, spachtelt und klebt wieder. Über Wolkenkratzer und Bürogebäude legt sie neue Schichten, ohne dass das Darunterliegende, meist eine Schwarz-Weiß-Fotografie eines Hochhauses, verschwinden würde. Damit signalisiert sie: Verwaiste Häuser, dunkle Fenster und verrottende Gebäude stehen noch eine Zeit im urbanen Raum, tragen die Spur historischer Erinnerung an die Zeit vor der Apokalypse.
Dabei ist die urbane Apokalypse nicht zu verwechseln mit der Katastrophe. Letztere ist eine Handlungsfolge, enthält insofern eine Lehre für die Zukunft. Das Apokalyptische geht dem entgegen dem Handeln und jedem Text voraus. Es meint das vorgefügte Verhängnis: nonkausal, unverstehbar, unentrinnbar. Das, was ohnehin kommt. Es wird weder herbeigeführt noch enthält seine Erzählung eine Lehre, wie es generell abzuwenden gewesen wäre.
Dieser Gedanke führt mich noch einmal zurück zu dem oben ins Spiel gebrachten Warschau. In seinem Roman *Die polnische Apokalypse* (1979) beschreibt Tadeusz Konwicki die polnische Metropole: „Diese Stadt, die seit ihren Anfängen behindert ist, von Besetzern vergewaltigt, von Eroberern gevierteilt, von asiatischen Horden gewürgt. Irgendwann bin ich in diese Leiche hineingekrochen."[2] Ein ganz ähnliches Bild verwendet Andrzej Stasiuk nach dem Zusammenbruch des Sozialismus. Für Stasiuk ist Warschau eine Zombie-Town; in *Logbuch* (1998) nennt er die Idee, „die Hauptstadt über den Leichen aufzubauen und aus dem ganzen Land Waggonladungen von Ziegeln heranzuschaffen", die wiederum aus „Städtewracks" stammten, ein „makabres Auferstehungsfest".[3]
Zwar ist die Warschau-Literatur eines Leopold Tyrmand und Marek Hłasko, einer Sylwia Chutnik oder Dorota Masłowska je ganz anders, doch immer wieder von diesem Ton durchzogen.[4] Es ist ein Ton, der die Tode und Morde, die synchronen und diachronen Verwerfungen, Untergang und Verschwinden präsent halten. Eben eine post-apokalyptische Aisthesis. Eine solche Betrachtung der Stadt von dem ihr eingeschriebenen Ende her ist letztlich eine Zivilisationsreflexion. Es ist ein Umgang mit der vitalen Zerbrechlichkeit zivilen, also bürgerschaftlichen, eben städtischen Zusammenlebens. Was geschehen ist, kann und wird wieder geschehen. Es ist das Pendant zum dem Leben eingeschriebenen Tod. Und noch eines ist in diesen Stadt-Texten enthalten, ebenso wie in Ewa Trafnas Bildern: die Janusköpfigkeit der urbanen Aisthesis. So sind die Wolkenkratzer, die den meisten von Trafnas Stadtausschnitten zugrunde liegen, ja nicht zuletzt Ausdruck architektonischer Gewalthaftigkeit. Als entleerte Orte mögen sie ihre funktionale Dominanz eingebüßt haben, die strukturelle Überwältigungsgeste aber bleibt.
Pointiert spricht der Architekturhistoriker Ioan Augustin von „städtebaulichen Gift-Orten", überdimensionierten Bauten, die gewaltsam auftrumpfen und einer „urbanen Logik sowie eines menschlichen Maßstabs entbehren". Als paradigmatisches Beispiel wählt Augustin neben Nicolae Ceauşescus Haus des Volkes (*Casa Poporului*) den Warschauer Kulturpalast (*Pałac Kultury i Nauki*). Beide strahlten auf ihre Umgebung ab, so dass daraus „vergiftete Orte" wurden.[5]
So wie längst kein Reden über Zivilisation mehr unschuldig sein kann, erscheint in der post-apokalyptischen Aisthesis die Stadt, wenn man so will, sowohl als Opfer als auch als Akteur des Endes. Sie macht etwas mit uns, wenn wir sie erleben. Was noch einmal zum Rost als Bild zurückführt, diesem Janusbelag und Zwitterphänomen. Es ist die Morbidität seiner Anmutung, die ihn in die Nähe eines belebten Stoffes rückt. Analog zur Ahnung des Unglücks, die einen erheblichen Teil des Glücks bei der Betrachtung gelungener Kunst ausmacht.

ALFRUN KLIEMS

EWA TRAFNA, RUST, AND THE AISTHESIS OF THE POST-APOCALYPTIC CITY

Rust, according to Torsten Körner, "is not autonomous material, nor is it immaterial; rust dances between time and conditions; it is a continuous continuity."[1] Rust is oxygen that corrodes iron. Bloated metal that has lost its smoothness, its sturdiness. Rust is far from death of a composition, but rather the brittle and splintering evidence of its impermanence. Rust is the phenomenon as well as the image in which inanimate matter seems closer to the organic than any other. Rust is alive and sick, somehow heroic, and morbidly romantic.

Thus, the *Rust Belt*, the emblematic site of USA's postindustrial decline, points to something beyond itself—beyond the economic change experienced as the end of a world. Detroit, its symbolic center, is thus more than a shorthand for public insolvency, for vacancy and decay, for the erosion of social structures. Rather, Detroit, especially the Detroit of the Polish artist Ewa Trafna, contains a universal, which may in fact be inherently present in all modern urban text: the aisthesis of the post-apocalyptic city.

Having said this, I cannot avoid bringing up Trafna's place of birth, Warsaw. Evidently the quintessential post-apocalyptic city per se. Many cities were destroyed during the Second World War. Yet hardly any were comparably annihilated with such existential destructive intent and subsequently rebuilt with such a determination to endure. It might therefore seem frivolous to resemble the apocalypse of Warsaw to the decline of Detroit. However, precisely this superficial frivolity may contribute to an understanding of our cities and our times. After all, an apocalypse is not a historical fact but a rhetorical figure. Every 'end of the world' is relative, particularly the end of *a* world. Even Carthage or Nineveh, despite all despair and sorrow, didn't experience *the* end, but *an* end. Nonetheless, texts about their cities—or rather any urban text—insinuates that the end of a given polis means the end of everything.

However, this "self concern" can indeed be taken seriously, following Michel Foucault, as a "world concern". And that is exactly what Ewa Trafna does with her Detroit paintings, which opt for the post-heroic option of a non-laconic perspective on death. It accepts loss as a prerequisite for renewal, yet also always includes rust and death, thus the deterioration of someone or something that has been loved by an entity.

In contrast to her "rust pictures", Trafna's photo collages from Detroit show in an almost mythical fashion the symbol of modernity: the skyscraper. She photographs them from below at an angle, lets their tips peter out in the sky. If there were pedestrians in her pictures, they would be weighed down under the low horizon of stone, glass, and concrete. However, there are no humans, which is another cliché of the post-apocalyptic city. Its emptiness is mirrored in the soft gray of the sky—and in a rich blue which seems to flow from the window openings of the high-rises. This blue, reminiscent of Yves Klein, lends a mythical quality to the pictures, a hint of hope, a survival of the urban in art.

In her works of art, Trafna creates apotheoses of standstill, by capturing the thanatological fate of Detroit, the city of rust, in palimpsest: Trafna tears, scrapes and glues; she cuts, spackles, and glues again. She applies new layers onto the skyscrapers and office buildings without concealing what lies underneath—usually a black-and-white photograph of a high-rise. With this she signalizes: abandoned buildings, dark windows and rotting structures will remain for a while part of the urban space and therewith carry historical remembrance of the time before the apocalypse.

At the same time, the urban apocalypse is not to be confused with a catastrophe. The latter is a consequence of actions, and thus provides a lesson for the future. In contrast, the apocalyptic precedes any action and any text. It refers to the antecedent calamity: non-causal, incomprehensible, inescapable. That which is inevitable. It is neither induced nor does reporting about it offer a lesson on how it generally could have been averted.

This thought brings me back to the topic of Warsaw. Tadeusz Konwicki, in his novel *A Minor Apocalypse* (1979), describes the Polish metropolis: "A city crippled since its beginnings, raped by occupiers, quartered by conquerors, strangled by Asian hordes. At some point I crawled into this corpse."[2] Andrzej Stasiuk uses a very similar metaphor after the collapse of socialism. For Stasiuk, Warsaw is a zombie-town; In *My Europe* (1998) he calls the idea of "erecting the capital on top of the corpses, and bringing in wagon-loads of bricks from all over the nation", which are themselves taken from "city wrecks", a "macabre festival of resurrection."[3]

While, of course, there are many differences in the Warsaw-literature of such writers as Leopold Tyrmand, Marek Hłasko, Sylwia Chutnik or Dorota Masłowska, they are nonetheless again and again permeated by this tone.[4] It is a tone in which deaths and murders, synchronous and diachronic upheavals, collapse and extinction remain present. Precisely a post-apocalyptic aisthesis. Any such perspective of a city under the auspices of its inherent doom contemplates civilization per se. It addresses the vital fragility of civil, i.e. civic or urban coexistence. What has happened can—and will—happen again. It is the equivalent of the inevitability and omnipresence of death in life. And there is one last aspect to be found in these urban texts, just like in Ewa Trafna's art: the Janus-faced nature of the urban aisthesis.

The skyscrapers that are the basis of most of Trafna's urban details, if nothing else, are expressions of architectural force and might. As deserted spaces they may have lost their functional dominance, but the structural gesture of subjugation remains.

The historian of architecture Ioan Augustin appropriately refers to "toxic sites of urban planning", over-sized structures which forcefully show off and "lack any urban logic or human standard". As a paradigmatic example Augustin selects next to Nicolae Ceausescus' House of the People (*Casa Poporului*) the Warsaw's Palace of Culture and Science (*Pałac Kultury i Nauki*). Both irradiated their surroundings, turning them into "poisoned places".[5]

Just as any innocent discourse about civilization has been impossible for a long time, the post-apocalyptic aisthesis shows the city, in some sense, both as a perpetrator and a victim of its end. It does something to us when we experience it. Which leads us back to rust as metaphor, this Janus-patina and hybrid phenomenon. It is its morbid nature which aligns it with organic matter—analogous to the premonition of doom, which is a large part of the joy of viewing fine art.

Translation: Clara Luise Hildebrand, Catharine Nicely

ALFRUN KLIEMS

EWA TRAFNA, RDZA I ESTEZJA POST-APOKALIPTYCZNEGO MIASTA

Rdza, jak pisze Torsten Körner, „nie jest właściwie materiałem, ale nie jest też niematerialna, rdza tańczy pomiędzy czasami i stanami, jest nieustannym trwaniem".[1] Rdza to tlen rozkładający żelazo. Nabrzmiały metal, który utracił swoją gładkość, swoją wytrzymałość. Rdza jeszcze długo nie oznacza śmierci struktury, jest jednakowoż kruchym i odpryskującym dowodem na jej przemijanie. Rdza jest zjawiskiem i obrazem, w którym materia nieożywiona zdaje się być bliżej tej żywej jak nigdzie indziej. Rdza jest żywa i chora, w jakiś sposób heroiczna i w pewien chorobliwy sposób romantyczna. Dlatego też *rust belt,* emblematyczny upadły obszar post-industrialnych Stanów Zjednoczonych, wskazuje na coś więcej niż tylko gospodarcze zmiany strukturalne. Detroit, symboliczne centrum tego obszaru, to nie tylko publiczna upadłość, opuszczone obiekty, rozpad i rozkład struktur społecznych. Detroit, a przynajmniej Detroit polskiej artystki Ewy Trafnej symbolizuje coś o wiele bardziej uniwersalnego – coś, co być może jest nieodłącznym elementem miejskiej struktury modernistycznej: estezję post-apokaliptycznego miasta.

To powiedziawszy, nie mogę nie wpomnieć rodzinnego miasta Ewy Trafnej, Warszawy. Oczywistego przykładu post-apokaliptycznego miasta. Podczas II wojny światowej zniszczono wiele miast, ale żadne z nich nie zostało zmiecione z powierzchni z takim egzystencjalnym zamiarem kompletnej zagłady – a następnie odbudowane z tak samo egzystencjalną chęcią przebicia się. Dlatego też doszukiwanie się jakiejś ciągłości między apokalipsą Warszawy a upadkiem Detroit może się wydawać nieprzyzwoite. Jednakże ja widzę w tej nieprzyzwoitości swego rodzaju puentę, która wydaje mi się bardzo wymowna, gdy patrzę na nasze miasta i nasze czasy. Apokalipsa bowiem nie jest faktem historycznym, lecz figurą retoryczną. Każdy koniec świata jest względny, jest to mianowicie koniec *pewnego* świata. Nawet Kartagina czy Niniwa przeżyły – przy całej rozpaczy i smutku – nie *definitywny*, tylko *pewien* koniec. A mimo to narracja – lub raczej każdy miejski tekst – sugeruje, że wraz z wraz z końcem *polis* nastąpi koniec wszystkiego.

Jednakże to akurat należy traktować poważnie, tę „troskę o siebie", cytując za Michelem Foucault, jako troskę o całą kulę ziemską. I dokładnie to robi Ewa Trafna poprzez swoje obrazy Detroit, które wybierają post-heroiczną opcję nielakonicznego podejścia do śmierci. Utraty, jako warunku koniecznego do odnowy, jednakże cały czas przy udziale rdzewienia i śmierci, a więc końca czegoś lub kogoś, kogo się kochało.

Inaczej niż w swoich „zardzewiałych obrazach" Ewa Trafna używa w swoich fotokolażach z Detroit, w sposób nieomalże mistyczny, tego znaku modernizmu: drapaczy chmur. Ewa Trafna fotografuje je ukośnie od dołu, pozwala ich szpicom rozpływać się w niebie. Gdyby byli na tych zdjęciach jacyś przechodnie, przygniótłby ich zawieszony nisko horyzont z kamienia, szkła i betonu. Ale nigdzie nie widać ludzi, to też jeden ze stereotypów dotyczących post-apokaliptycznego miasta. Pustka miast odbija się w łagodnej szarości nieba – i w soczystym błękicie, który zdaje się wylewać z otworów okiennych wieżowców. Ten przypominający Yves'a Kleina błękit wnosi coś mistycznego do gry, jakąś nadzieję, szansę na przeżycie miasta w sztuce.

W swoich pracach Trafna tworzy, poprzez uchwycenie w palimpsecie tanatologicznego fatum „zardzewiałego miasta" Detroit, apoteozę bezruchu: rozrywa, nacina i klei; tnie, szpachluje i ponownie skleja. Kładzie nowe warstwy na drapacze chmur i biurowce, nie pozwalając jednocześnie zniknąć temu, co było pod spodem,

najczęściej czarno-białym zdjęciom jakiegoś wieżowca. W ten sposób sygnalizuje: Opuszczone domy, ciemne okna i rozpadające się budynki pozostają jeszcze przez jakiś czas w przestrzeni miejskiej i noszą ślady historycznych wspomnień czasów przed apokalipsą.
Przy czym nie należy mylić miejskiej apokalipsy z katastrofą. Ta ostatnia jest efektem łańcucha wydarzeń, zawiera przez to pewną naukę na przyszłość. Apokalipsa wyprzedza jakiekolwiek działania. Apokalipsa to czyhająca zguba: bez powodu, niezrozumiała, coś, od czego nie ma ucieczki. Coś, co i tak nadejdzie. Niczym niespowodowane i bez wniosków na przyszłość.
Ta myśl prowadzi znowu do wspomnianej wcześniej Warszawy. W swojej powieści *Mała apokalipsa* (1979) Tadeusz Konwicki opisuje polską metropolię: „Grodzie kalekim od zarania, gwałconym przez okupantów, ćwiartowanym przez zaborców, dławionym na arkanie azjatyckich hord. Wpełzłem kiedyś do tego trupa" (Konwicki 1979, 159)."[2]
Po upadku socjalizmu podobny obraz przywołuje Andrzej Stasiuk. Dla Stasiuka Warszawa jest miastem-zombie. W *Moja Europa. Dwa eseje o Europie zwanej Środkową* (1998) pomysł, żeby "wznosić stolicę na trupach i zwozić z całego kraju wagony cegieł wygrzebane z innych miast-wraków" nazywa "makabrycznym festynem zmartwychwstania".[3]
Co prawda „warszawska literatura" takich pisarzy jak Leopold Tyrmand i Marek Hłasko, Sylwia Chutnik albo Dorota Masłowska jest każda całkiem inna, jednakże ten właśnie ton przewija się w niej raz po raz.[4] To ton, który powoduje, że śmierć i morderstwa, synchroniczne i diachroniczne zaniechania, upadek i zguba są cały czas obecne. To właśnie jest post-apokaliptyczna estezja.
Takie przyglądanie się miastu z punktu widzenia przeznaczonej mu zagłady jest też refleksją na temat cywilizacji. W taki sposób można poradzić sobie z witalną kruchością cywilnego, to znaczy obywatelskiego, miejskiego współżycia. To, co się stało, może się powtórzyć i powtórzy się. To odpowiednik przypisanej życiu śmierci. I coś jeszcze jest w tych tekstach miejskich, podobnie jak w obrazach Ewy Trafnej: janusowe oblicze miejskiej estezji. Drapacze chmur, które pojawiają się na obrazach Trafnej, nie są niczym innym jak wyrazem architektonicznej przemocy. Jako opustoszałe miejsca być może utraciły swą dawniejszą funkcjonalną dominację, ale strukturalny obezwładniający gest pozostał.
Celnie ujmuje to historyk architektury, Ioan Augustin mówiąc o „urbanistycznych trujących miejscach", przesadnie dużych budowlach, które udowadniają swoją wyższość przy użyciu siły i „pozbawione są urbanistycznej logiki oraz ludzkiej skali".[5] Jako wzorcowy przykład, obok Domu Ludowego (*Casa Poporului*) Nicolae Ceausescu wybiera Augustin warszawski Pałac Kultury (*Pałac Kultury i Nauki*). Oba budynki promieniują w taki sposób na najbliższą okolicę, że stała się ona „zatrutym miejscem".
Tak jak każda debata na temat cywilizacji już od dawna nie może być niewinna, tak też miasto jawi się w post-apokaliptycznej estezji, jeśli tak na to popatrzeć, zarówno jako ofiara jak i sprawca końca. Co nas jeszcze raz sprowadza do obrazu rdzy, tej janusowej platyny i zjawiska hermafordytyzmu. Poprzez zgniliznę sprawia wrażenie żywej materii. Analogicznie do przeczucia nieszczęścia, które stanowi sporą część szczęścia podczas oglądania prawdziwej sztuki.

Tłumaczenie: Renata Szpigiel

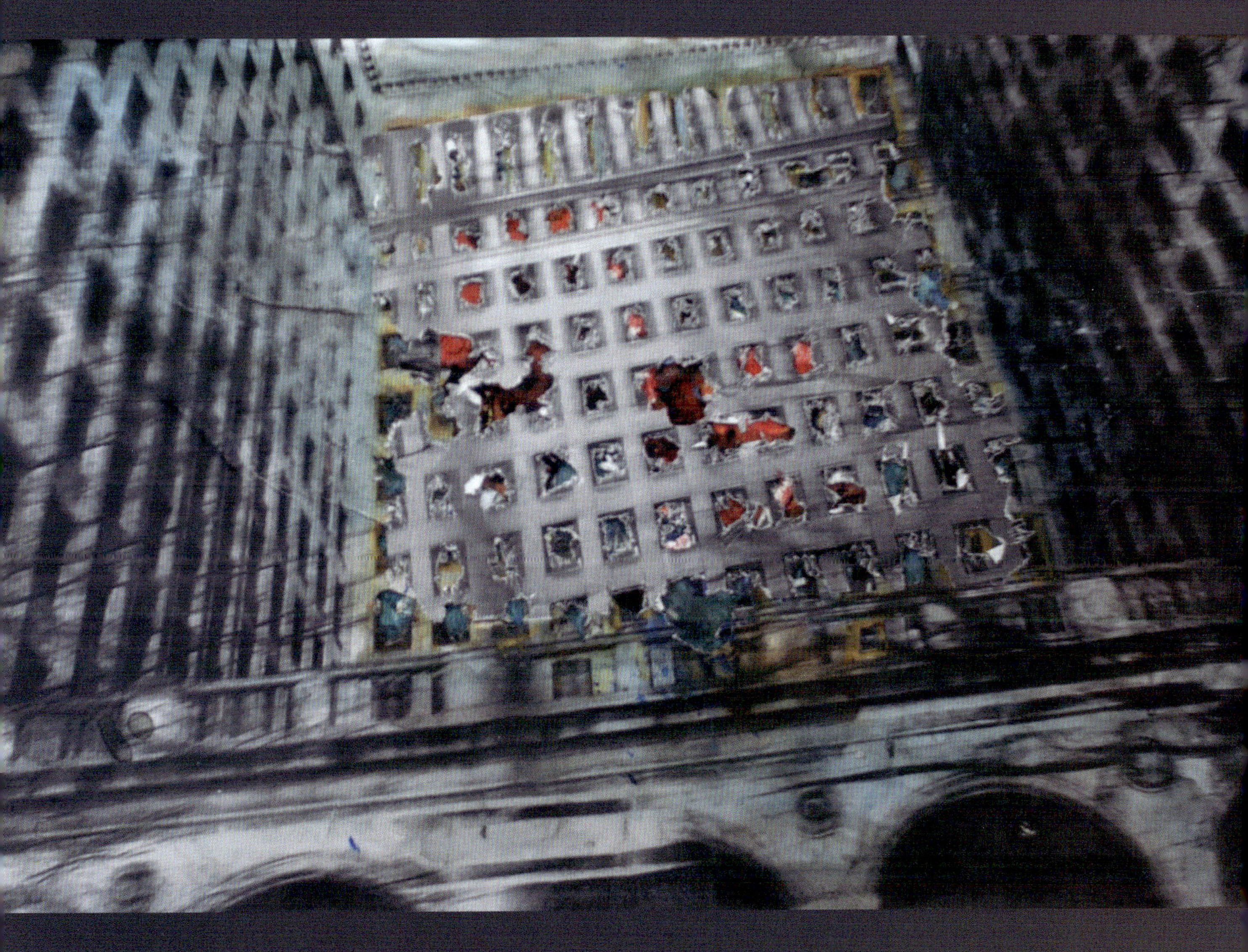

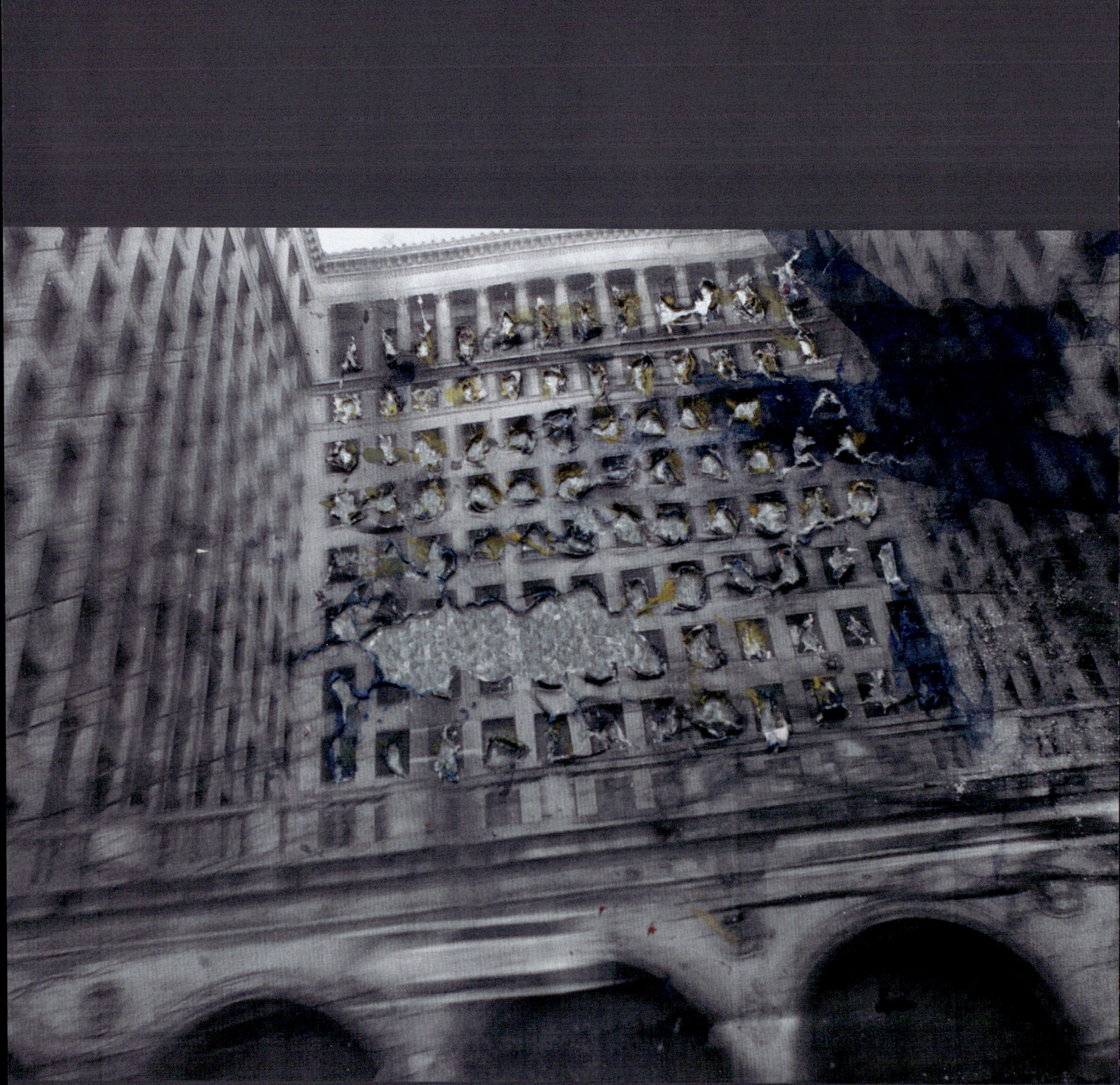

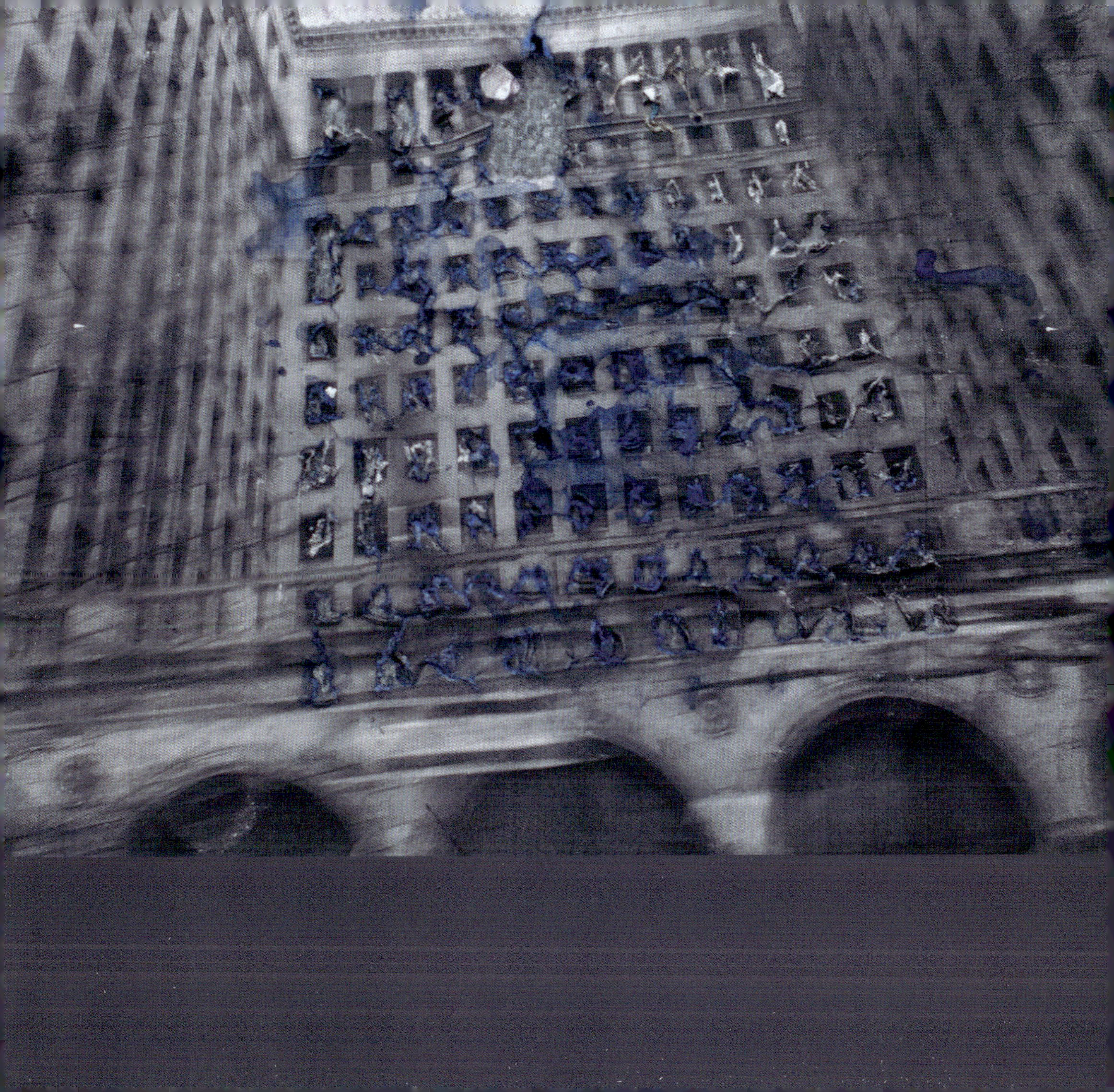

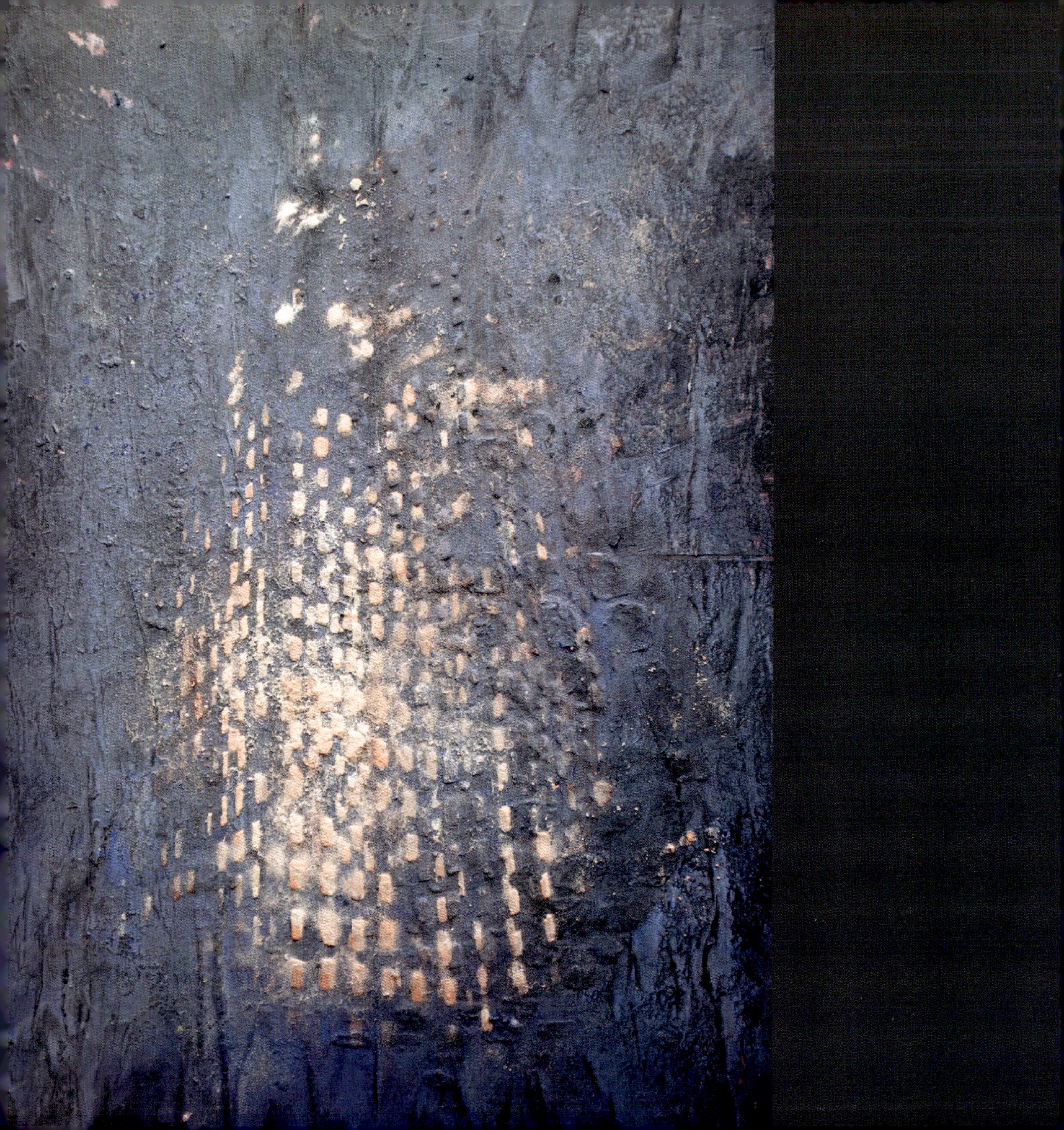

[…] die Träume lehnen sich über den Rand
und starren in den Krater der verlorenen Gegenstände
die dort unten ruhig ihre Bahnen ziehen
sie starren unverwandt zurück
und ich frage mich: Wieviele Dinge haben sich jetzt schon wieder verselbständigt?

[...] the dreams lean over the edge
and stare into the crater of lost things
that calmly drift along their paths down there
They stare back, unwavering
And I ask myself: How many things have taken on a life of their own again?

[…] sny wychylają się poza krawędź
wpatrując się w krater utraconych przedmiotów
krążących tam w dole spokojnie po swych orbitach
wpatrujących się w nas i nie spuszczających nas z oczu
A ja pytam: ile rzeczy znów wymknęło się nam spod kontroli?

Einstürzende Neubauten: *Unvollständigkeit, 2007*

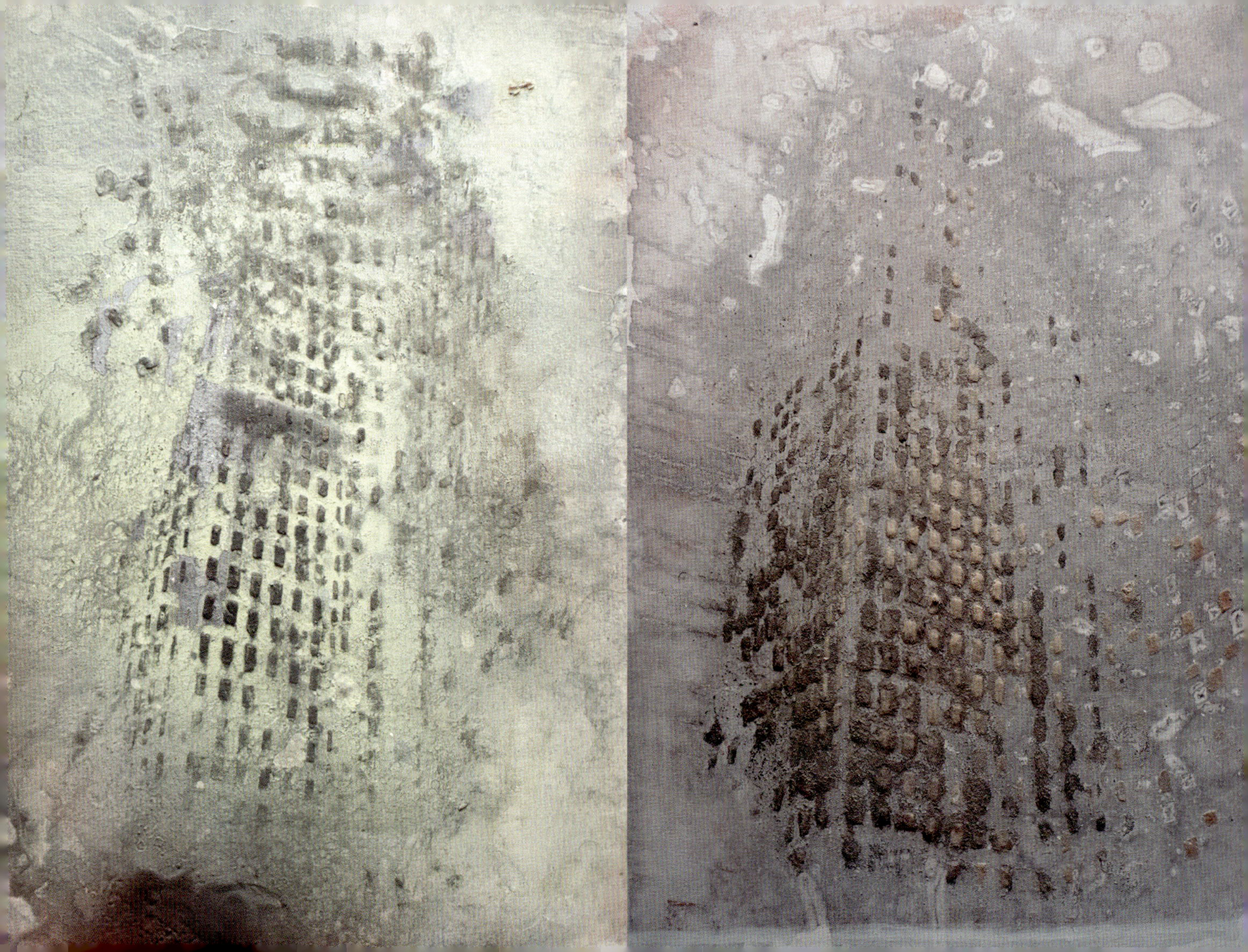

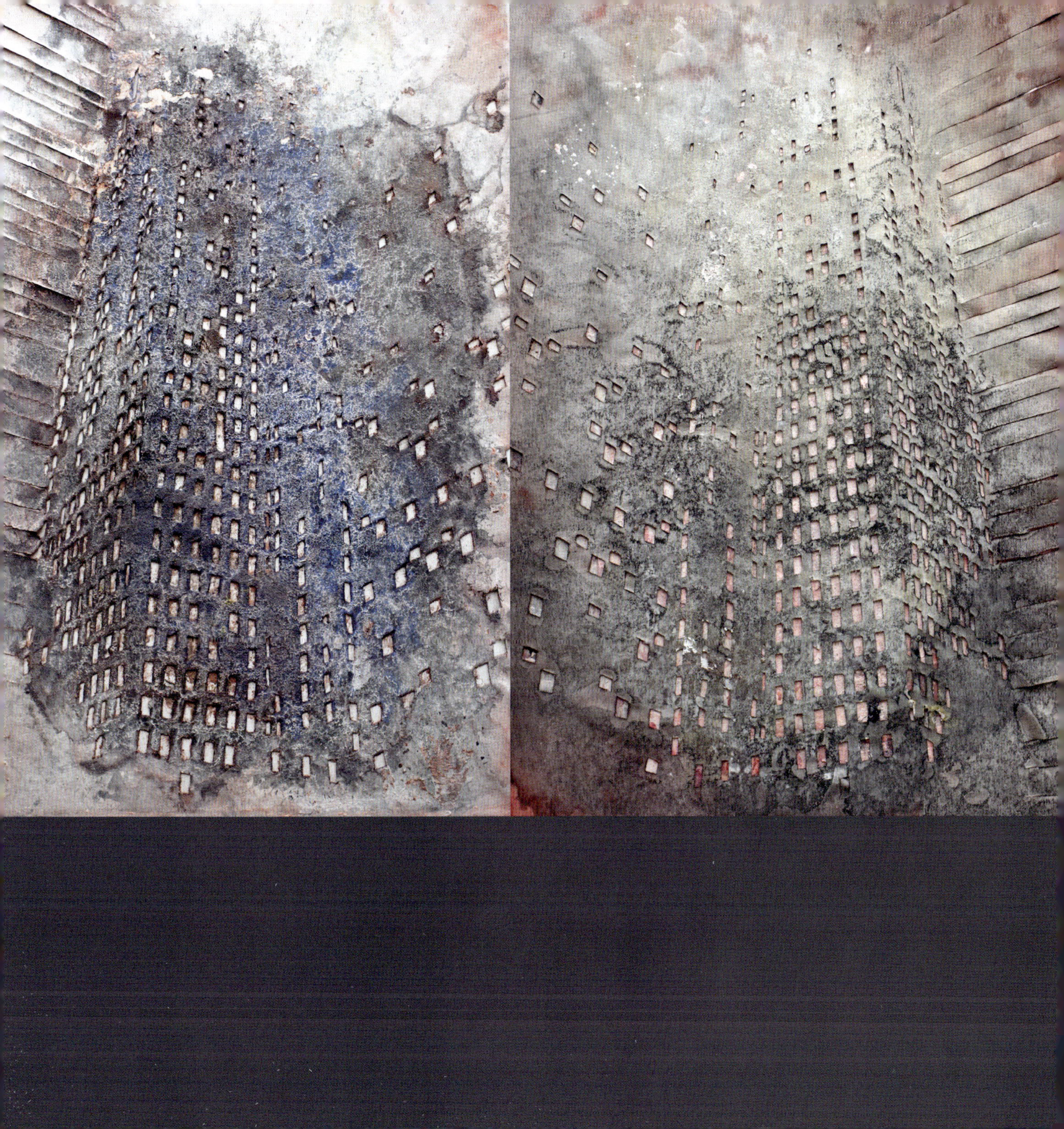

Ewa Trafna bringt in ihren Arbeiten die senkrechte Dimension der Materie ans Licht. Auf der einen Seite ist die Künstlerin eine genaue Beobachterin, die sich von der Poesie der langsamen Veränderungen des lebenden Organismus, wie die Materie einer ist, begeistern lässt. Mitnichten überlässt sie die Richtung dieser Veränderung jedoch dem Zufall, sondern ordnet sie von außen kommenden Elementen unter. Diese können in den noch so kleinen Spuren der Anwesenheit eines Menschen bestehen – manchmal im wörtlichen Sinne, in Form eines Fotos, einer getrockneten Blume oder aber in Form eines Aufleuchtens, das so grell ist, dass sich in ihm Schwarz und Weiß vereinen, was von einer besonderen Präsenz zeugt.

In her work, Ewa Trafna brings to light the vertical dimension of the subject matter. On the one hand the artist is a careful observer who lets herself be drawn in by the poetry of the slow changes of living organisms, of which matter is one. In no way, however, does she leave the direction of this change up to chance; instead, she subordinates it to external elements. These can be the, however small, traces of a human's presence—sometimes quite literally, in the form of a photograph or a dried flower, but sometimes also in the form of a flash so bright that black and white merge together, which reveals a special kind of presence.

Ewa Trafna wydobywa w swoich pracach pionowy wymiar materii. Z jednej więc strony artystka jest uważną obserwatorką, którą urzeka poezja powolnych przemian żyjącego organizmu, jakim jest materia. Z drugiej jednak sens tych przemian poddanych jedynie prawom przypadku artystka podporządkowuje elementowi przechodzącemu z zewnątrz. Może nim być niewielki ślad obecności człowieka – czasem bardzo dosłowny: zdjęcie, zasuszony kwiat, albo błysk czasem tak jasny, że przeszywający czernią i bielą jednocześnie, który świadczy o jakiejś innej obecności.

Ewa Klekot, 2015

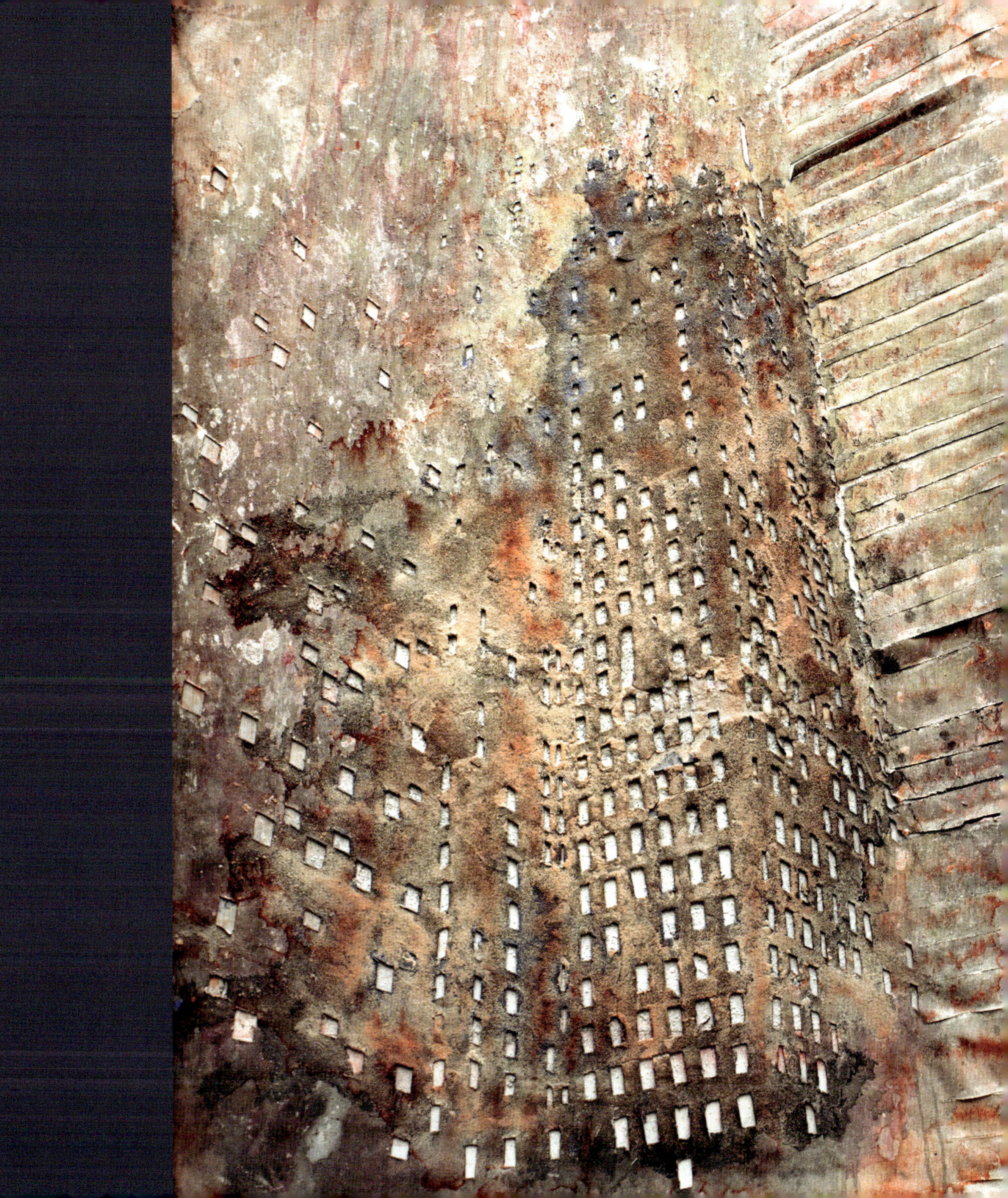

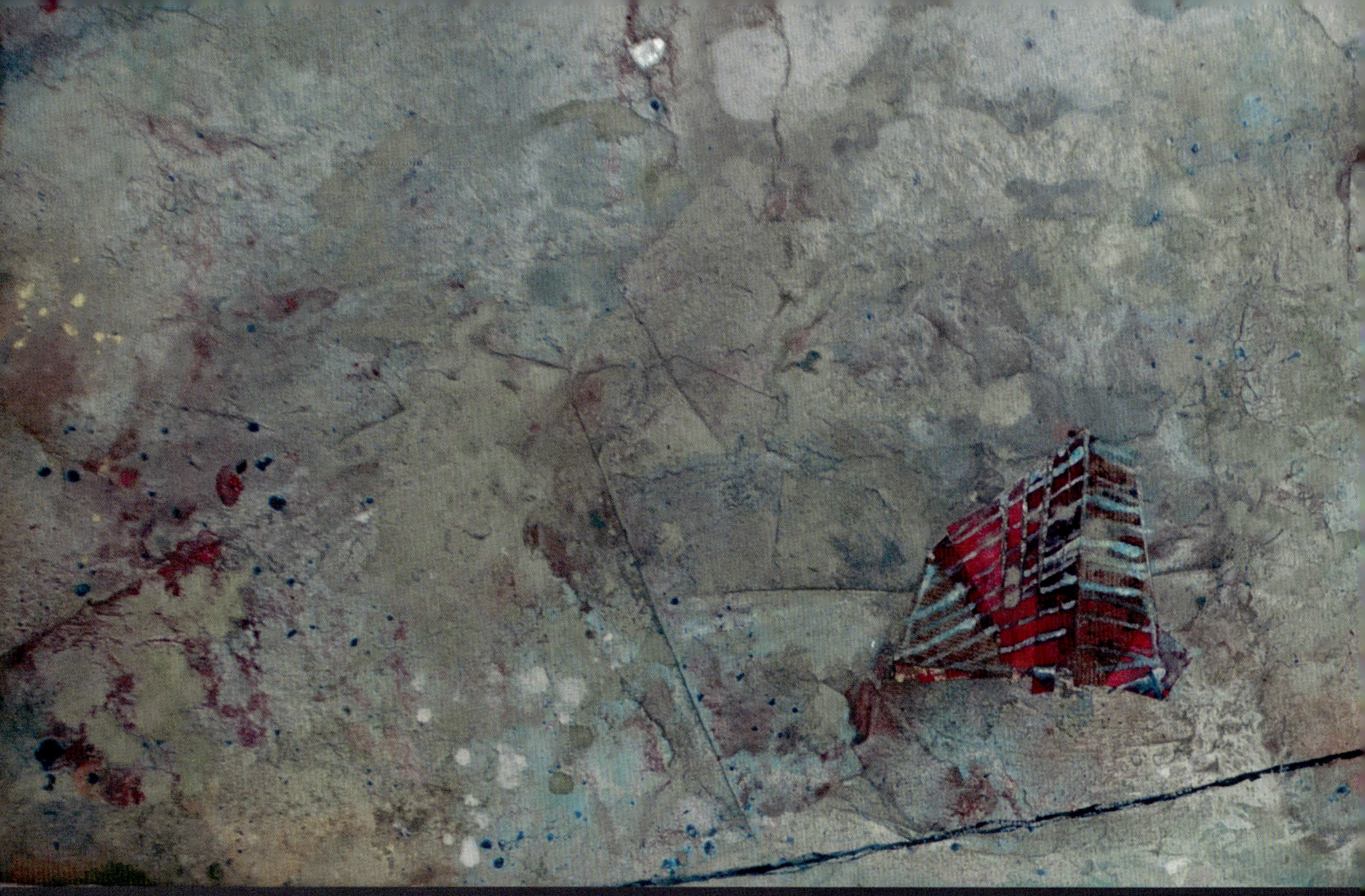

In Ewa Trafnas Bildern entdecke ich den Raum einer Welt, die verging. Landschaften früherer Zivilisationen vermengen sich darin. Ihre Kraft kommt aus dem Prozess des Vergehens. Gezeichnet von einer Vision des Endes und des Äußersten regen die Bilder die Auseinandersetzung mit dem Sinn des Lebens an und stellen die Frage: Woher kommen wir? Wohin gehen wir? Die unruhige, intuitive Malerei von Ewa Trafna erfasst die dramatischen Seelenzustände des heutigen Menschen, voller Unrast und Zweifel. Sie lässt ihre Tiefen wie auch ihre Gewöhnlichkeit entdecken. Sie berührt uns mit der durchdringenden Erkenntnis des Gefühls der Einsamkeit. Sie enthüllt das Chaos und die Spannungen der uns umgebenden Realität.

In Ewa Trafna's paintings I discover the space of a world that has passed away. Landscapes of earlier civilizations converge in it. Their strength derives from the process of disintegration. Marked by a vision of the end and of the extreme, the paintings stimulate contemplation of the meaning of life and ask the question: Where do we come from? Where are we going? Ewa Trafna's restless, intuitive style of painting captures the dramatic

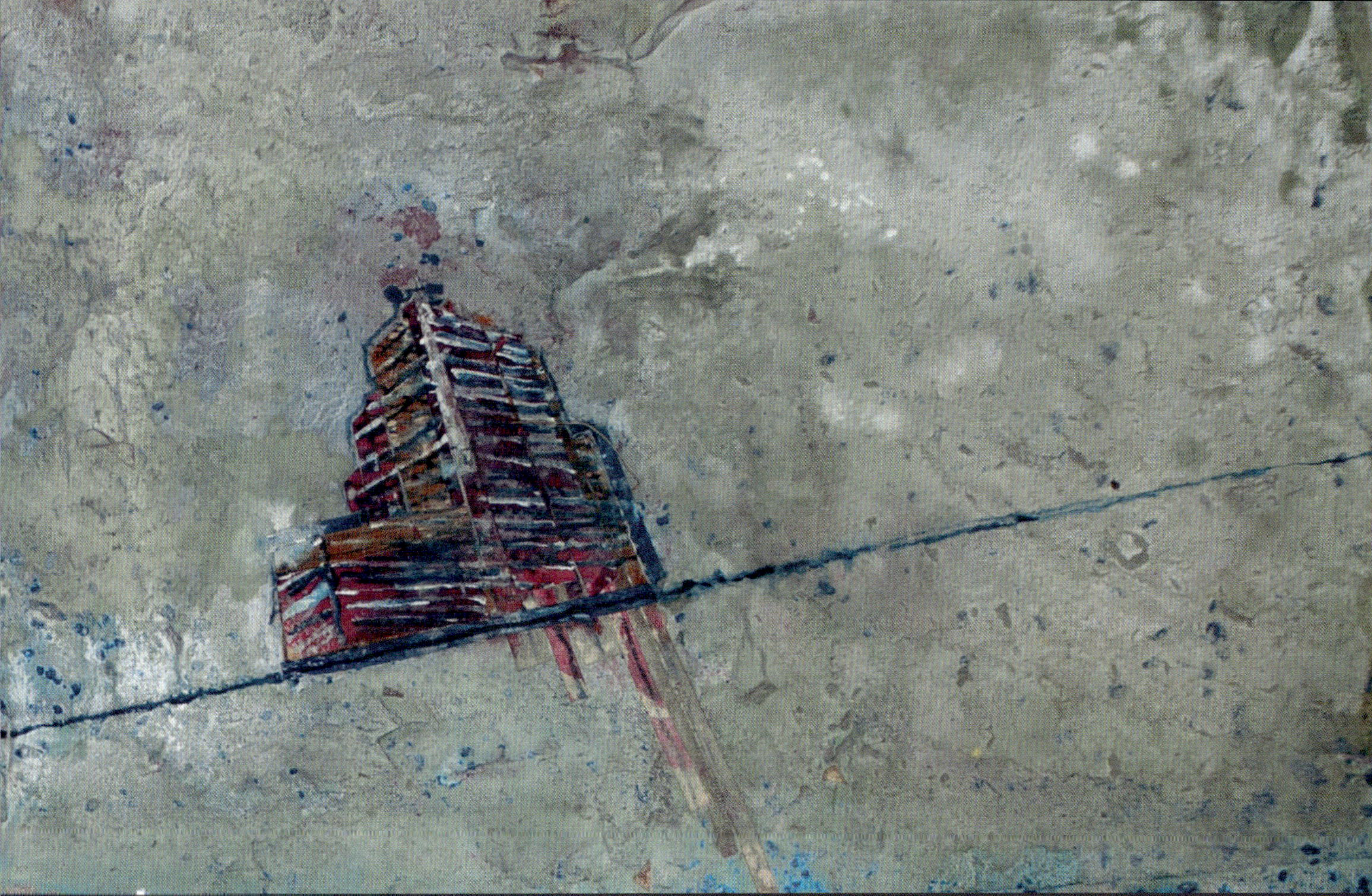

emotional states of modern man, full of inquietude and doubt. It allows its depth as well as its ordinariness to be discovered. It touches us with the penetrating realization of the feeling of loneliness. It unveils the chaos and the tensions of the reality surrounding us.

W obrazach Ewy Trafnej odkrywam przestrzenie świata, który przeminął. Noszą one w sobie przenikające się pejzaże dawnych cywilizacji. Ich siła tkwi w w ukazaniu procesu przemijania. Naznaczone wizją końca i ostateczności podejmują rozmowę o sensie życia, stawiają pytania: Skąd przybywamy? Dokąd zmierzamy? Niespokojne, intuicyjne malarstwo Ewy Trafnej odtwarza dramatyczne, pełne niepokoju i zwątpienia stany psychiczne współczesnego człowieka. Odkrywa ich głębie i zwyczajność. Wzrusza przenikliwym doznaniem uczucia samotności. Odsłania chaos i napięcia otoczającej nas rzeczywistości.

Jerzy Brukwicki, 2010

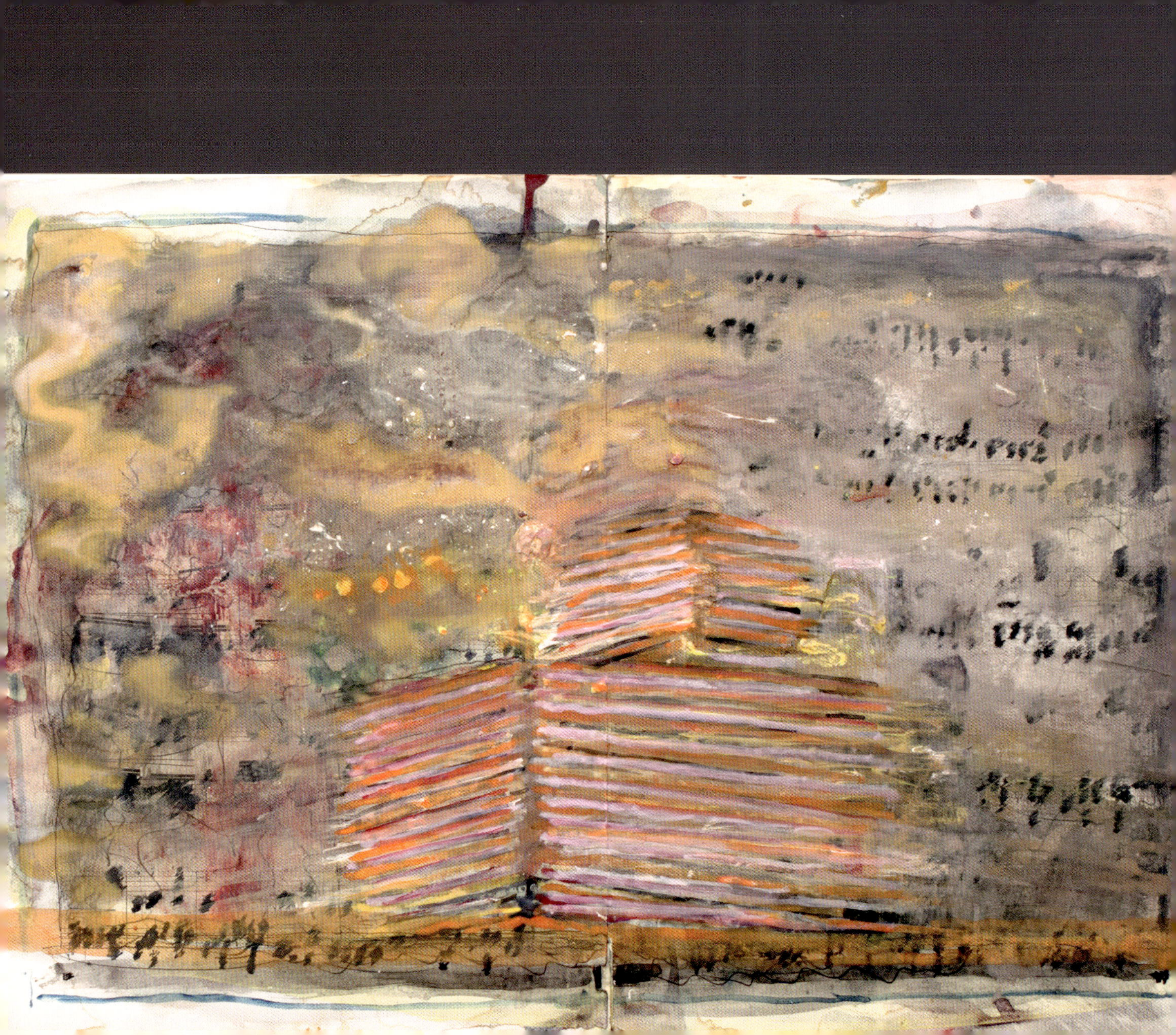

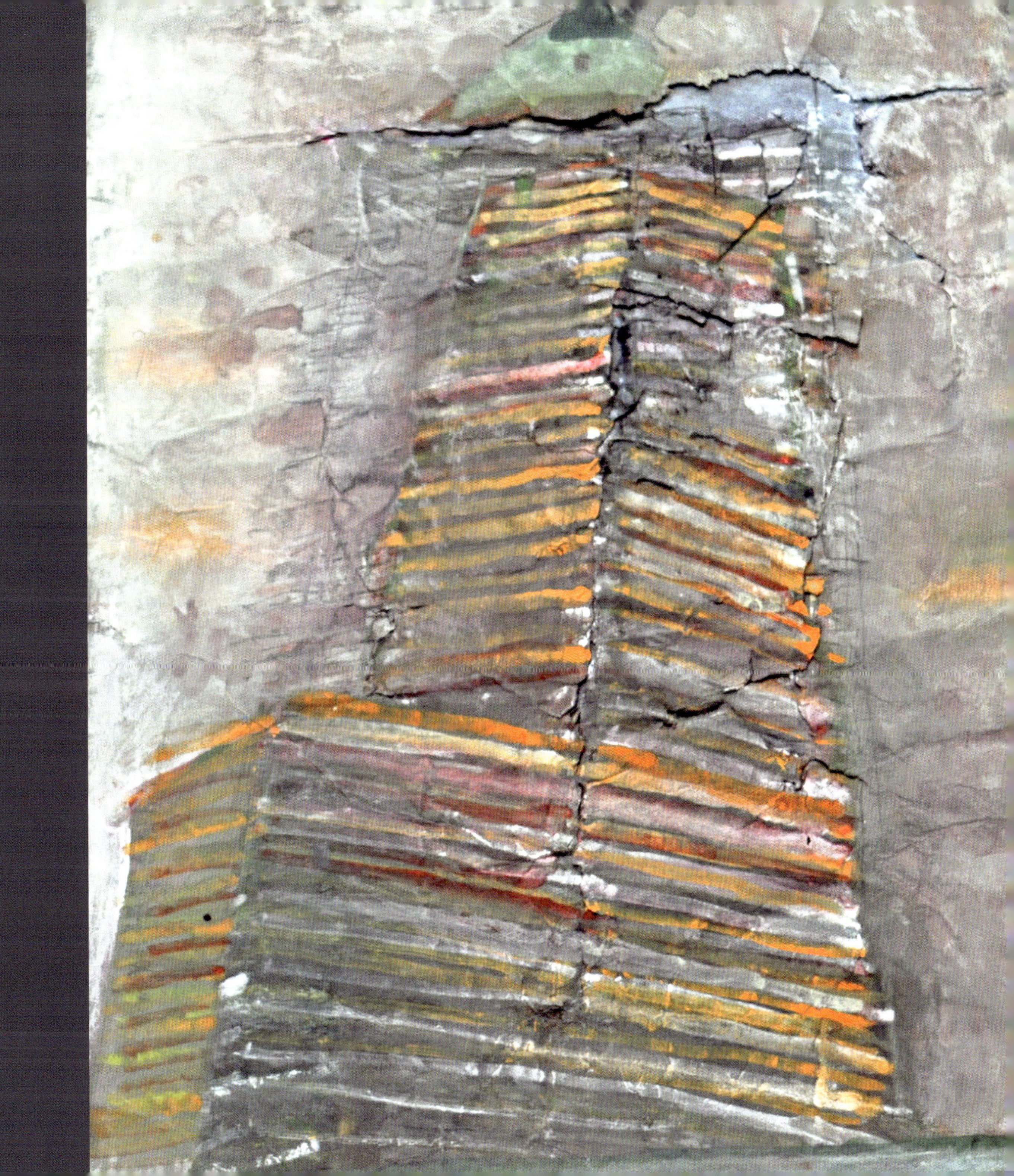

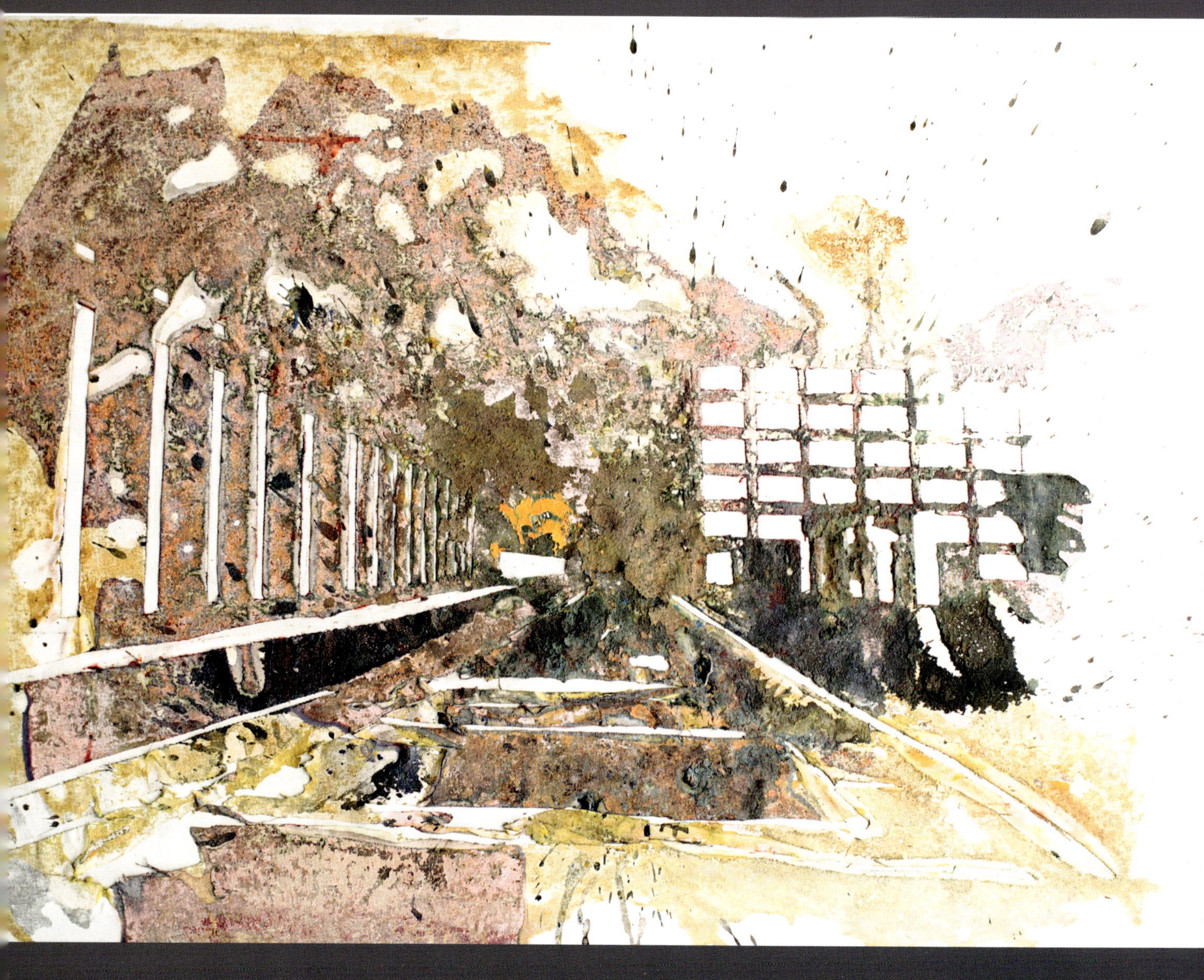

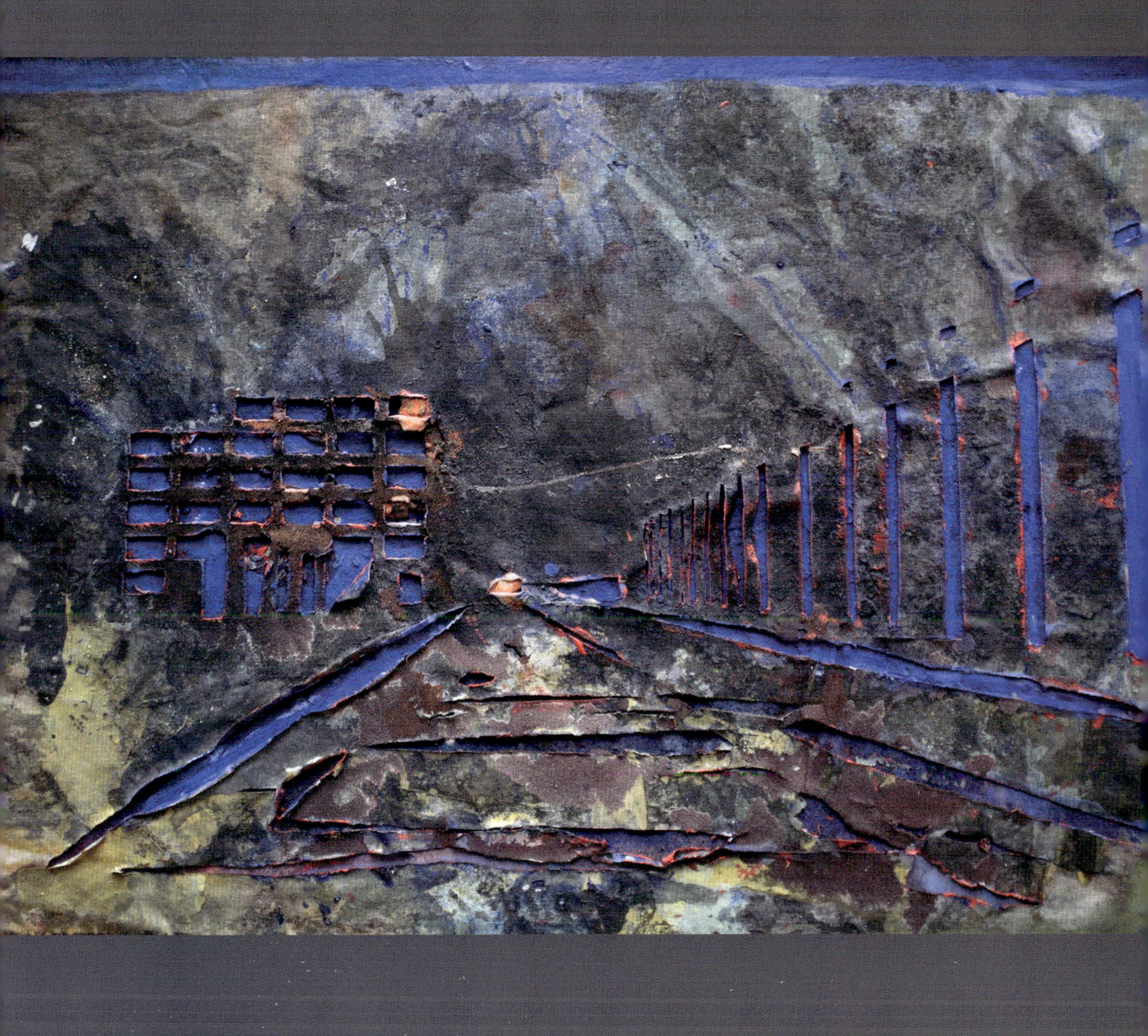

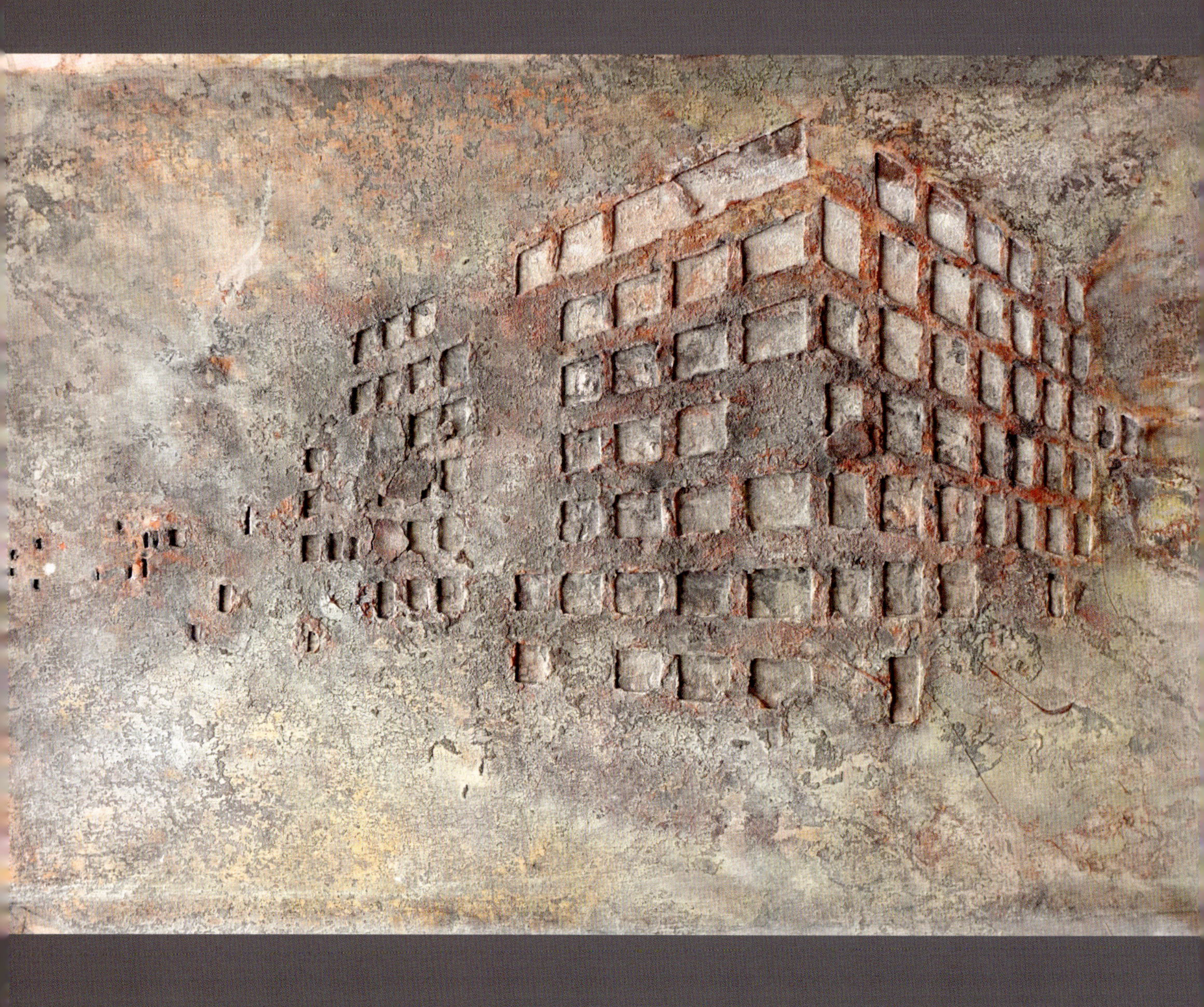

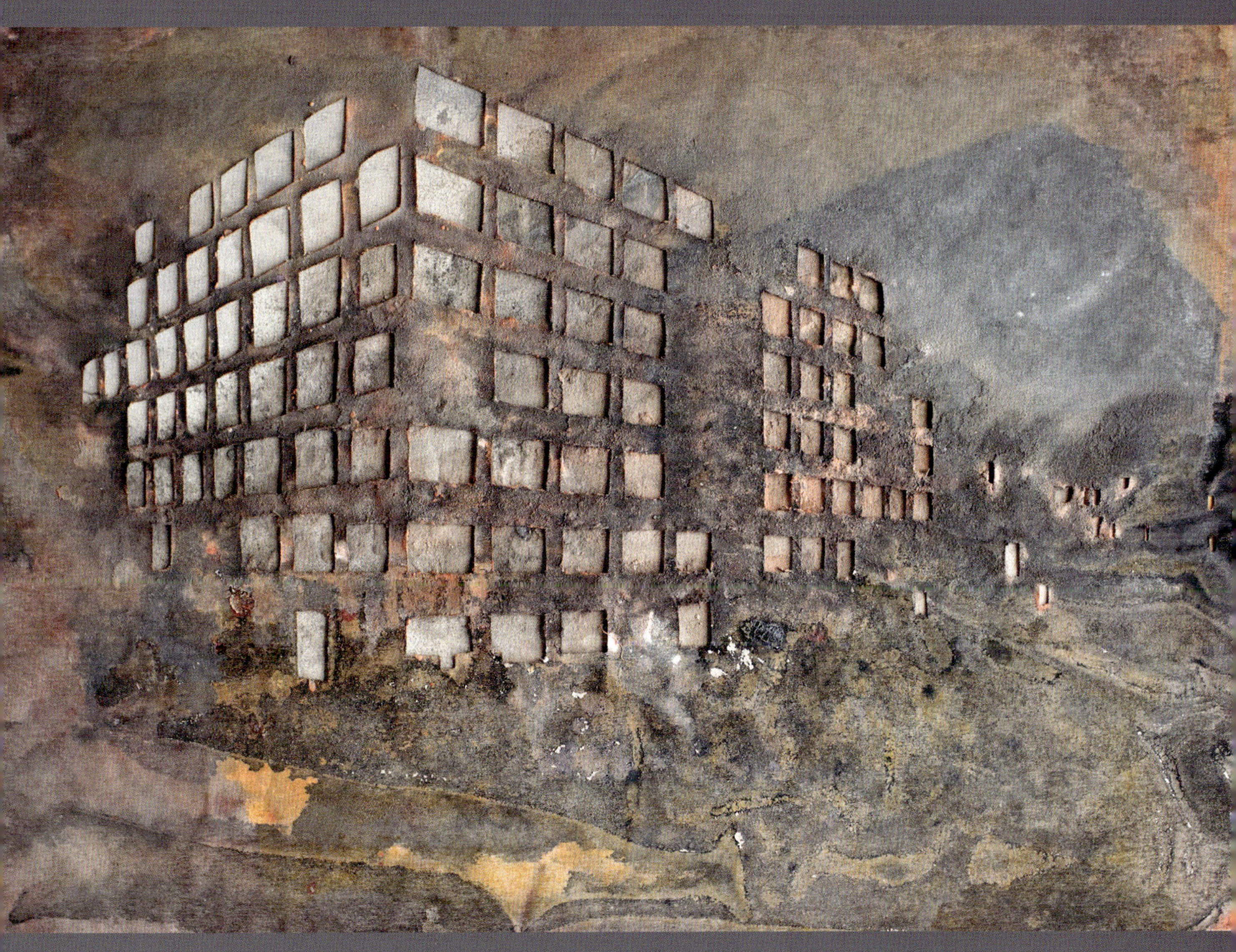

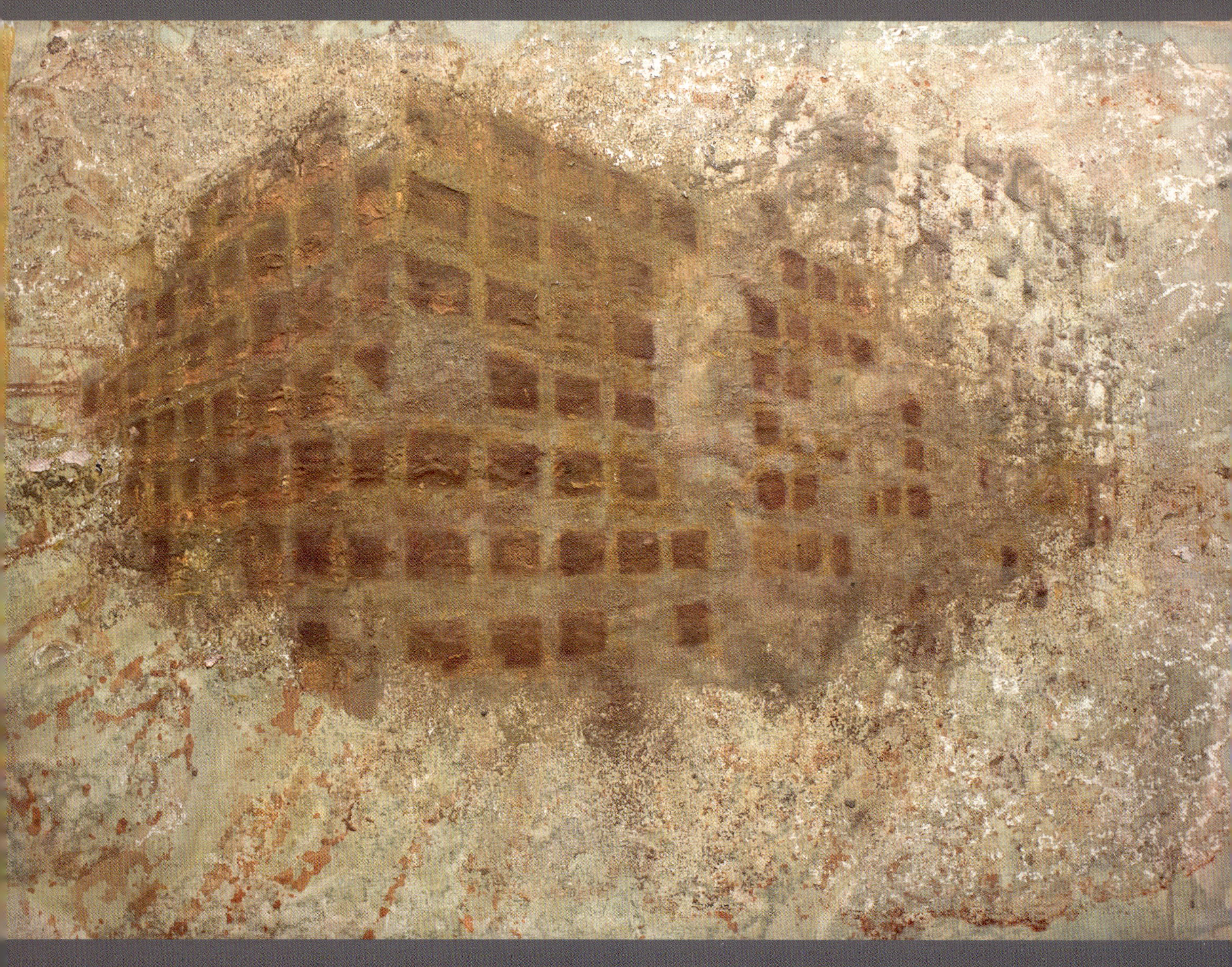

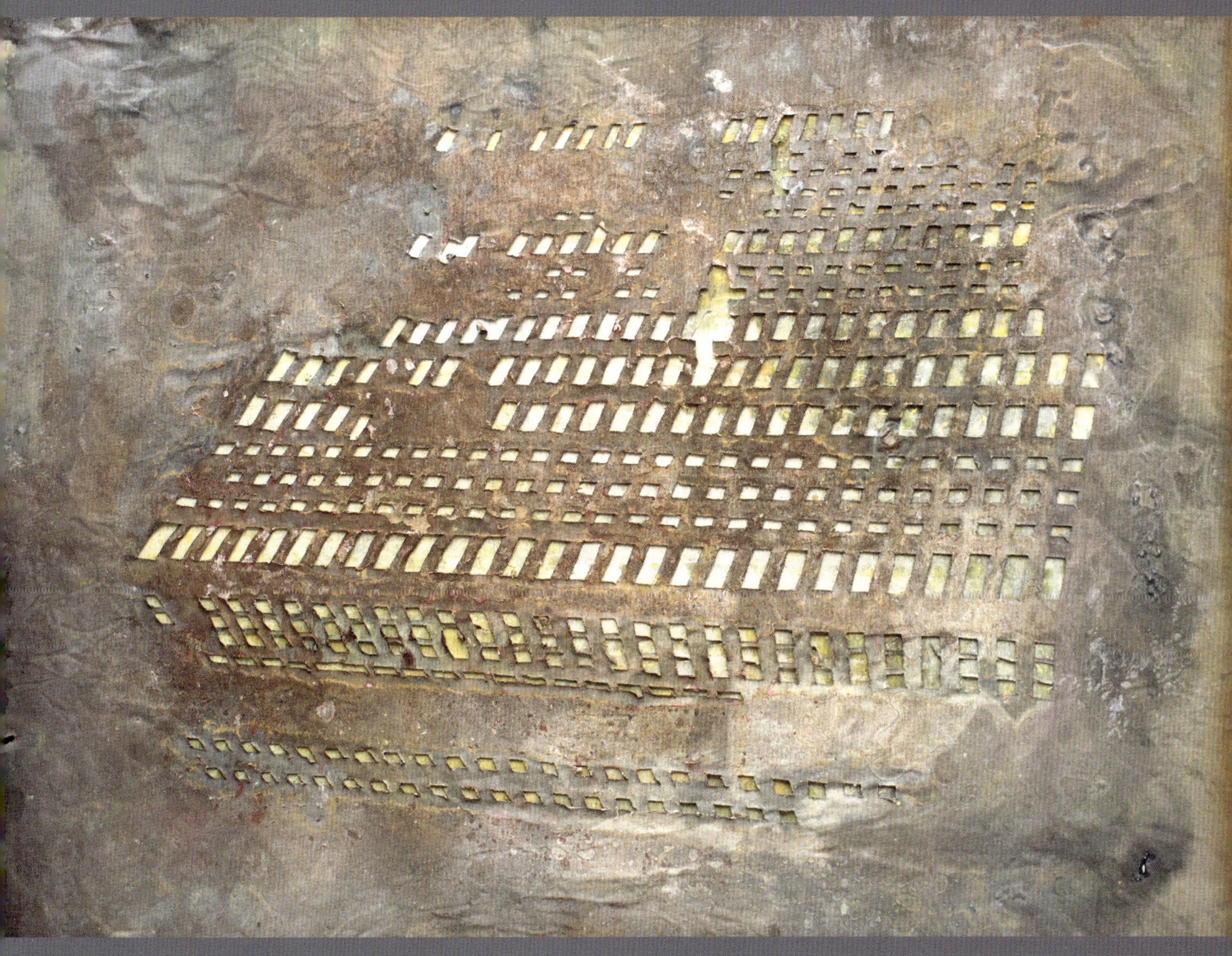

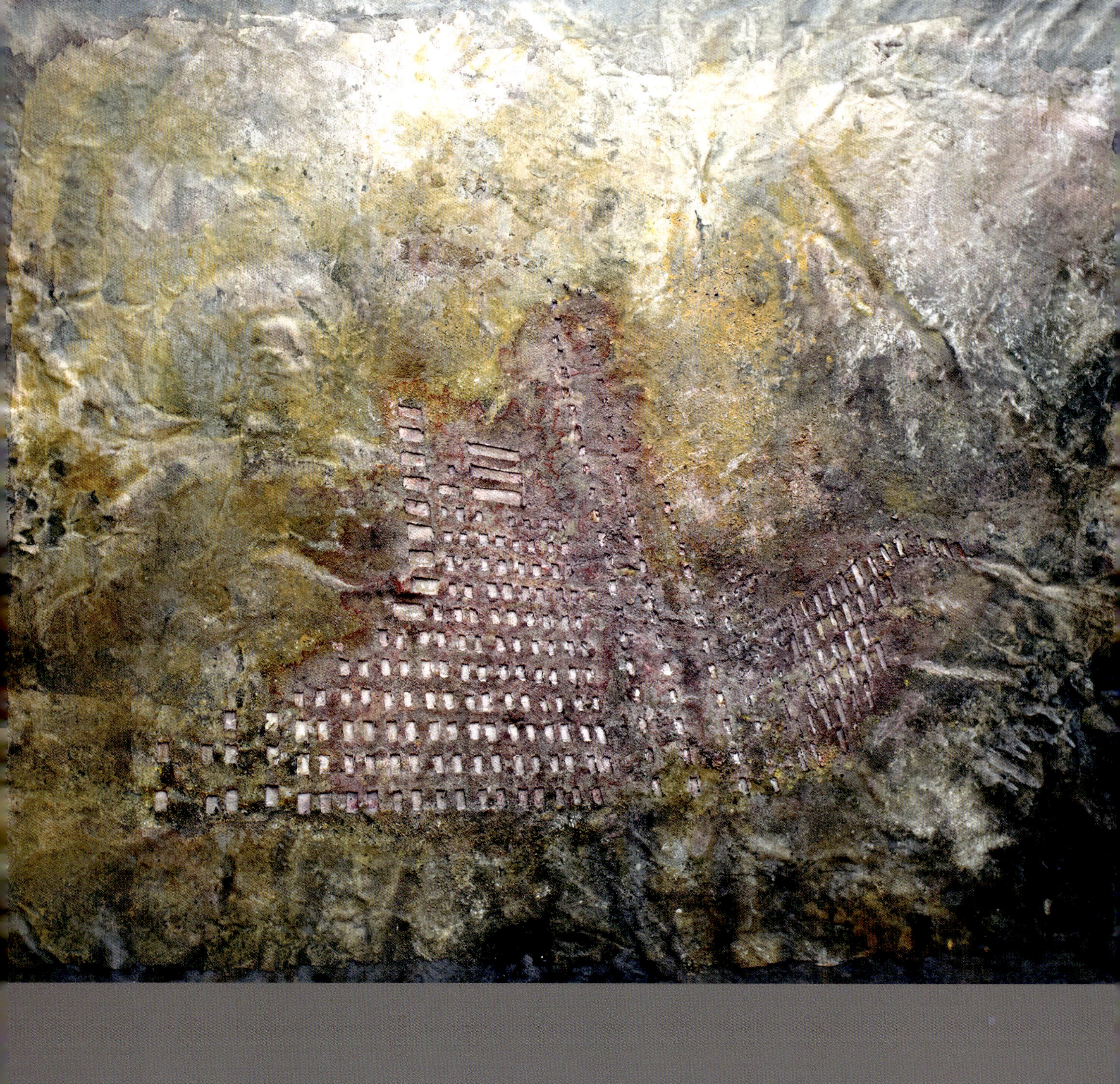

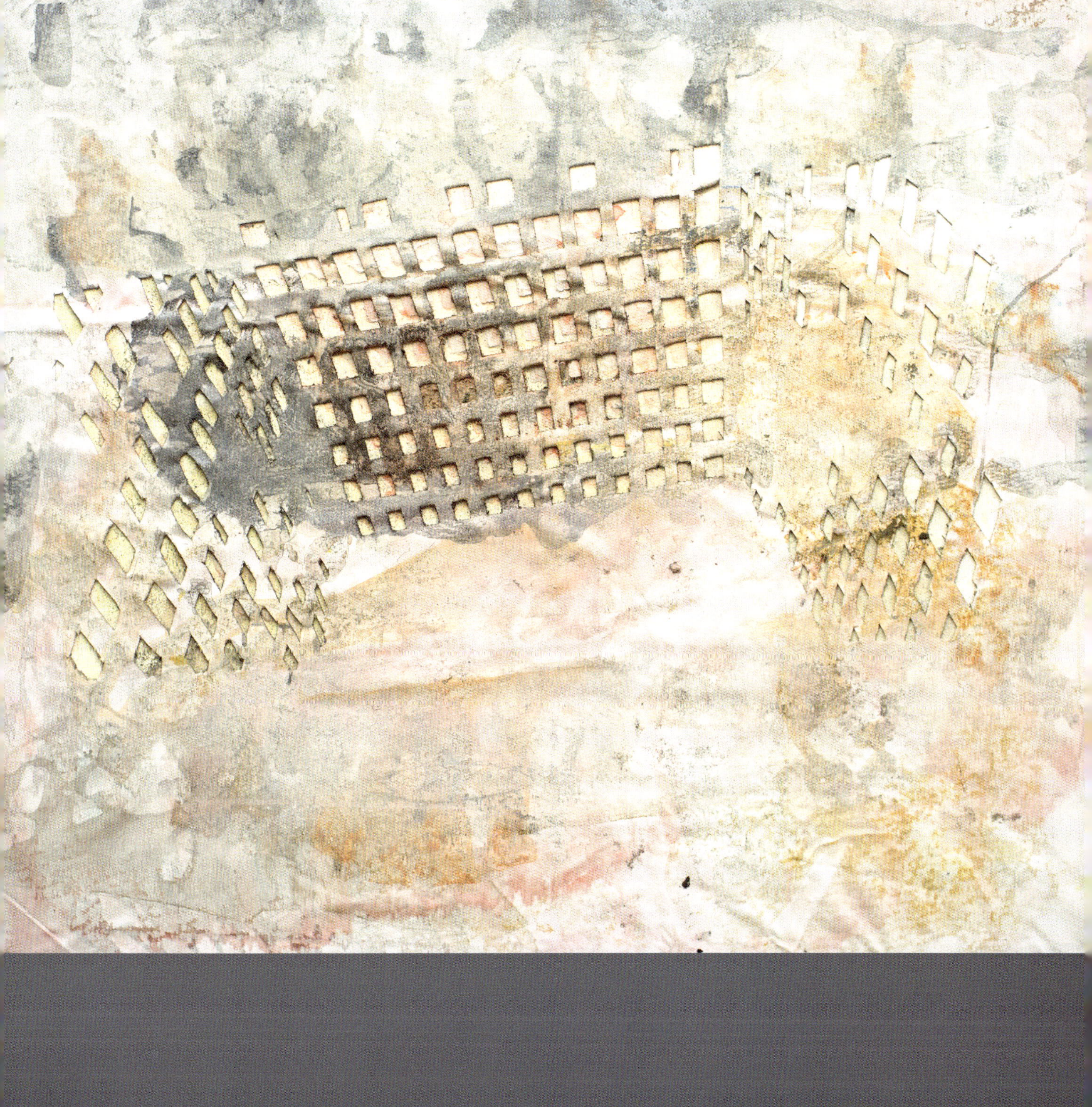

Wesentlich für Ewa Trafnas Werk ist ihre Faszination für Ewigkeit und Vergänglichkeit, für Kultur und Natur, für Materie und Geist, für Leben und Tod. Die Künstlerin greift in ihren Gemälden, Skulpturen, Multimedia-installationen und Denkmälern nach der Urmaterie: Felssteine, Erde, Sand. Sie probiert auch starke, durch die Zivilisation entstandene Materialien bis hin zu Kunststoffen. Aber die Felssteine verwandeln sich schließlich in Sand, die größten und ältesten Kulturen verbleichen, sie hinterlassen nur unklare Zeichen. Auch das üppigste Leben endet mit dem Tod. In den Arbeiten der Künstlerin ist dieses Bewusstsein immer gegenwärtig, wie etwa in dem erschütternden Denkmal in Jedwabne oder, noch mehr zu spüren, in ihren raffinierten und fragilen Kompositionen. Vielleicht widersetzt sich Ewa Trafna deshalb so hartnäckig jeder Form von Gewalt und protestiert so leidenschaftlich dagegen, in der Kunst und im Leben.

Essential to Ewa Trafna's work is her fascination with eternity and impermanence, with culture and nature, with matter and soul, with life and death. In her paintings, sculptures, multi-media installations and monuments, the artist reaches for primeval matter: rocks, soil, sand. She also tests strong, civilization-made materials as also synthetics. But the rocks ultimately turn into sand, the grandest and oldest cultures fade away, leaving behind only obscure symbols. Even the most lavish life will end in death. In Ewa Trafna's work this knowledge is always present, i.e. in the harrowing memorial in Jedwabne or, even more noticeable, in her subtle and fragile compositions. Maybe that is why Ewa Trafna stands against any form of violence with such determination and protests it so passionately, in both art and life.

W twórczości Ewy Trafnej najbardziej istotne: jej fascynacja wiecznością i przemijaniem, kulturą i naturą, materią i duchowością, życiem i śmiercią. Artystka w swoich pracach malarskich, rzeźbiarskich, w multimedialnych instalacjach, w pomnikach sięga po materie pierwotne: skały, ziemię, piasek – testuje także mocne materii wytworzonej przez cywilizacje, aż po tworzywa sztuczne. Ale skały zamieniają się w końcu w piasek, wielkie najdawniejsze kultury pozostawiają zatarte, niejasne znaki, każde bujne życie kończy się śmiercią. W pracach artystki ta świadomość jest zawsze obecna. Niekiedy ujawniana wprost jak we wstrząsającym pomniku w Jedwabnem, częściej tylko wyczuwalna w jej wyrafinowanych, wrażliwych kompozycjach. Może dlatego Ewa Trafna tak uparcie przeciwstawia się każdej przemocy, tak żarliwie przeciwko niej protestuje i w sztuce i w życiu.

Wiesława Wierzchowska, 2017

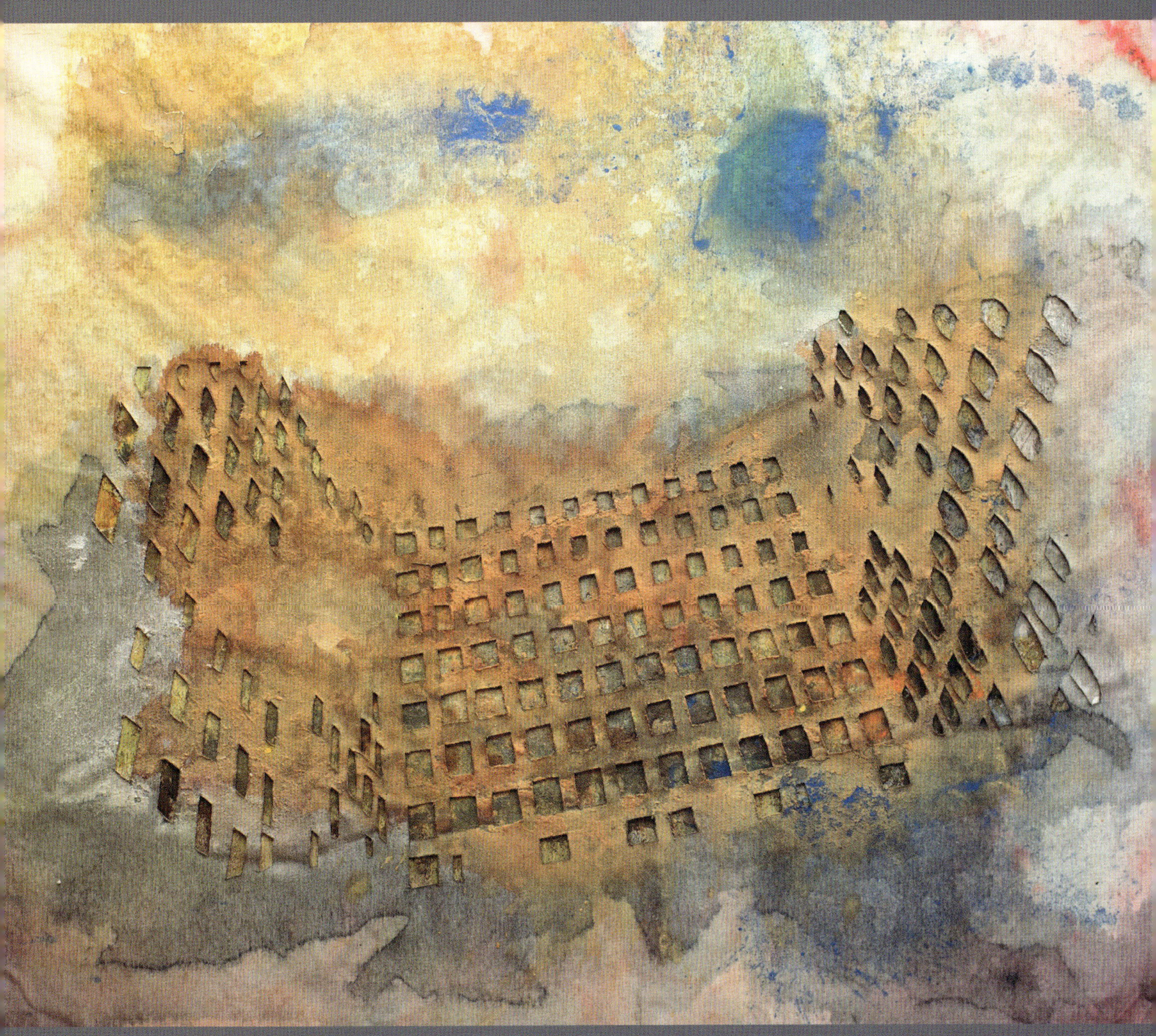

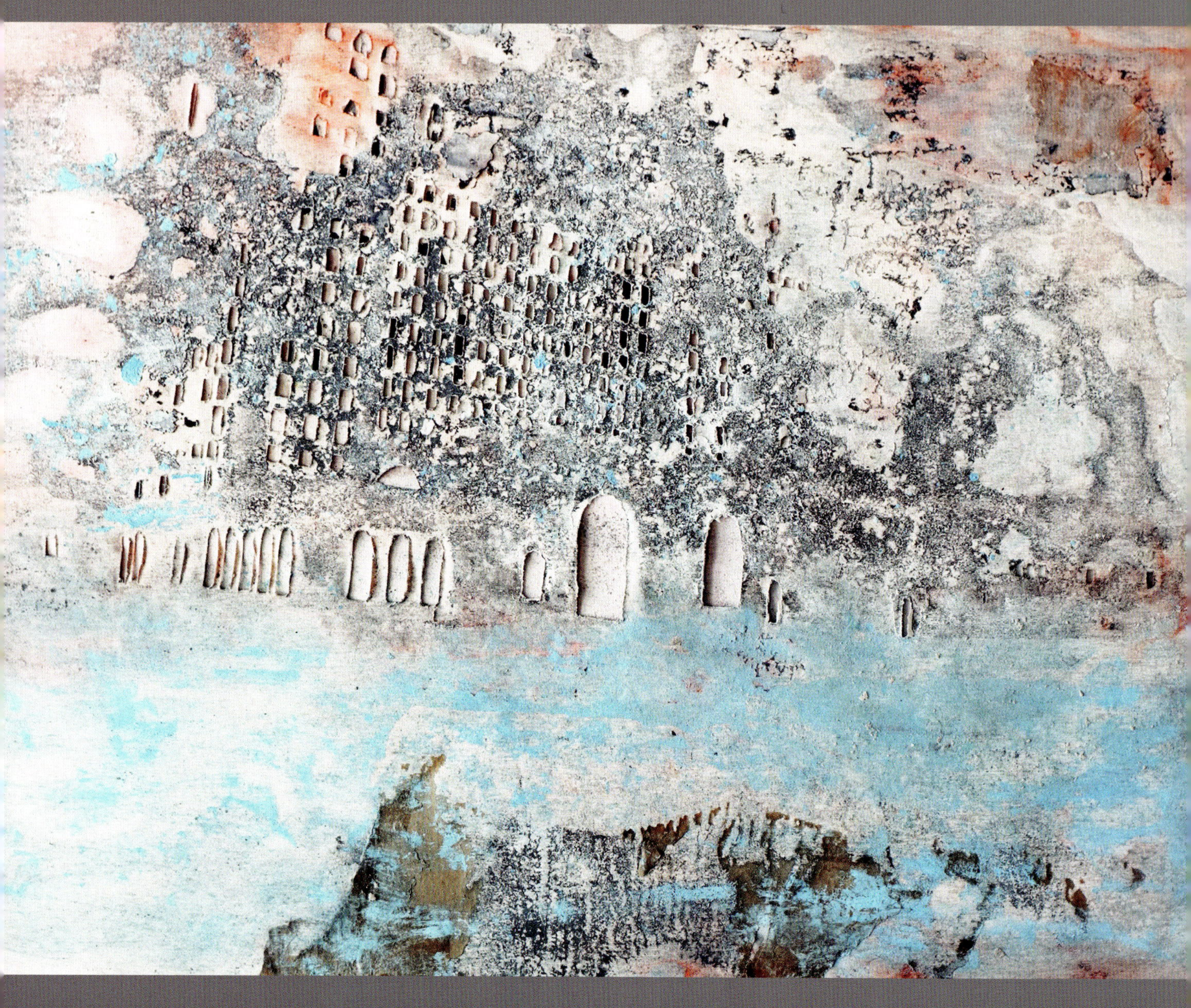

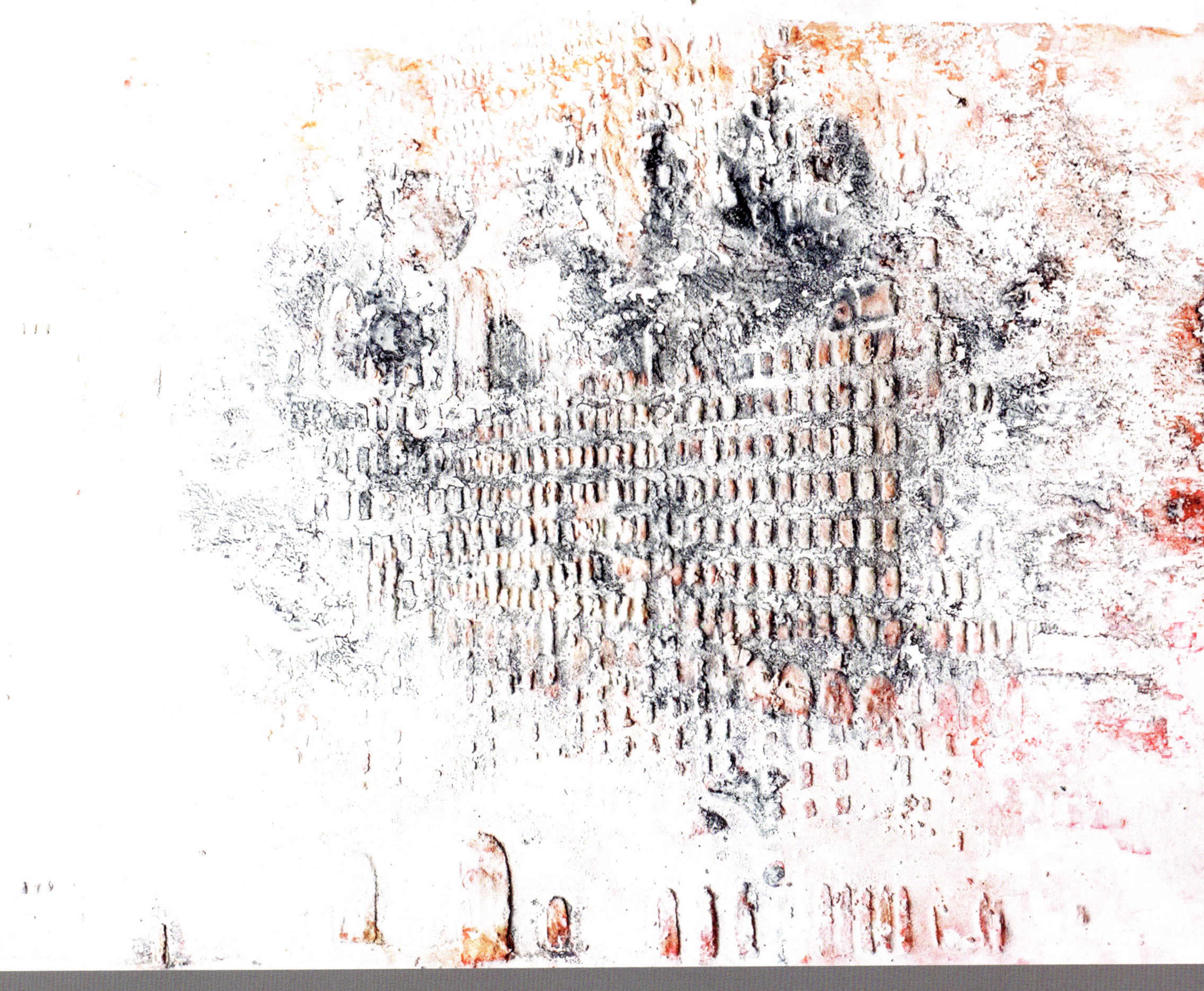

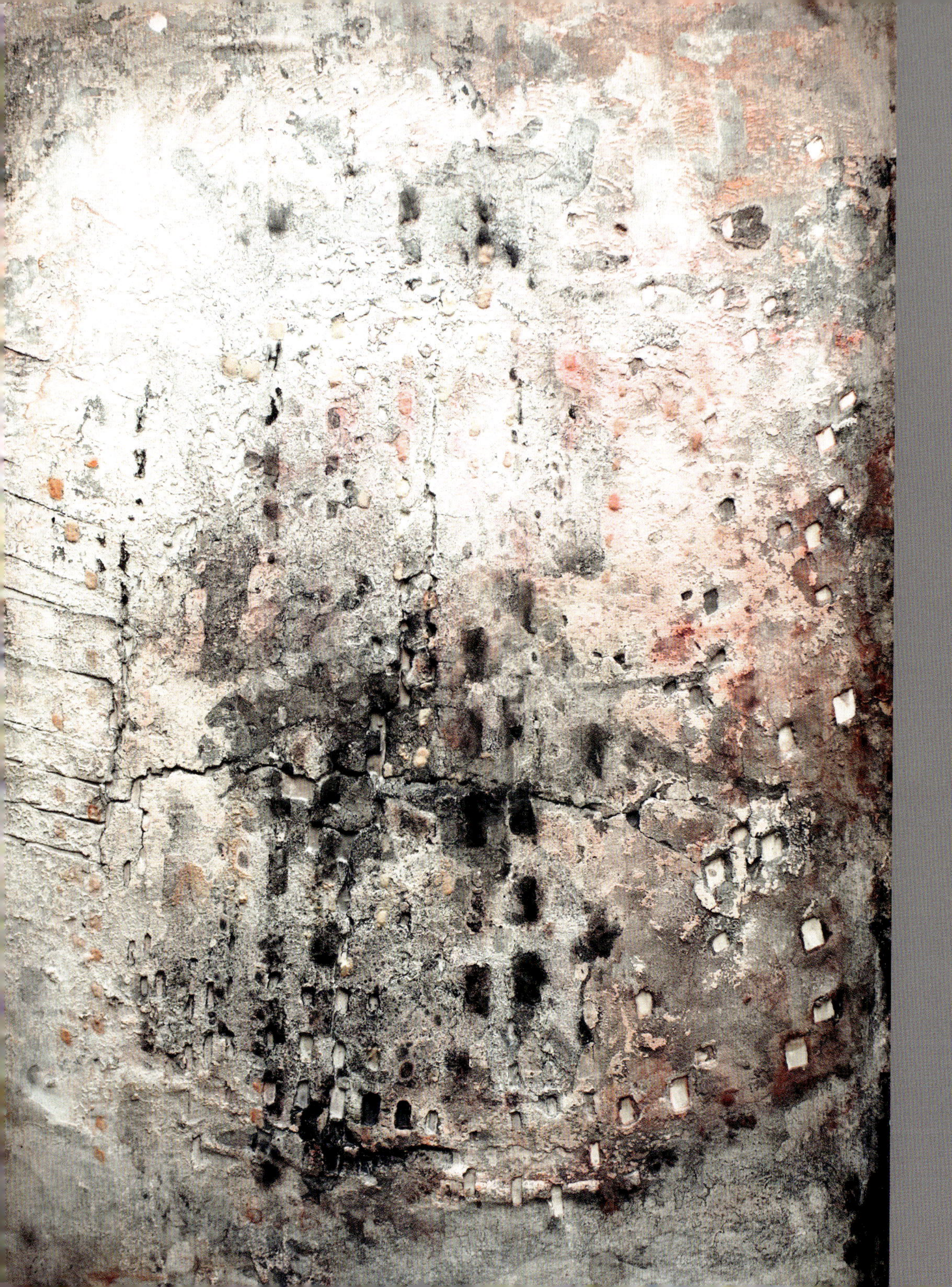

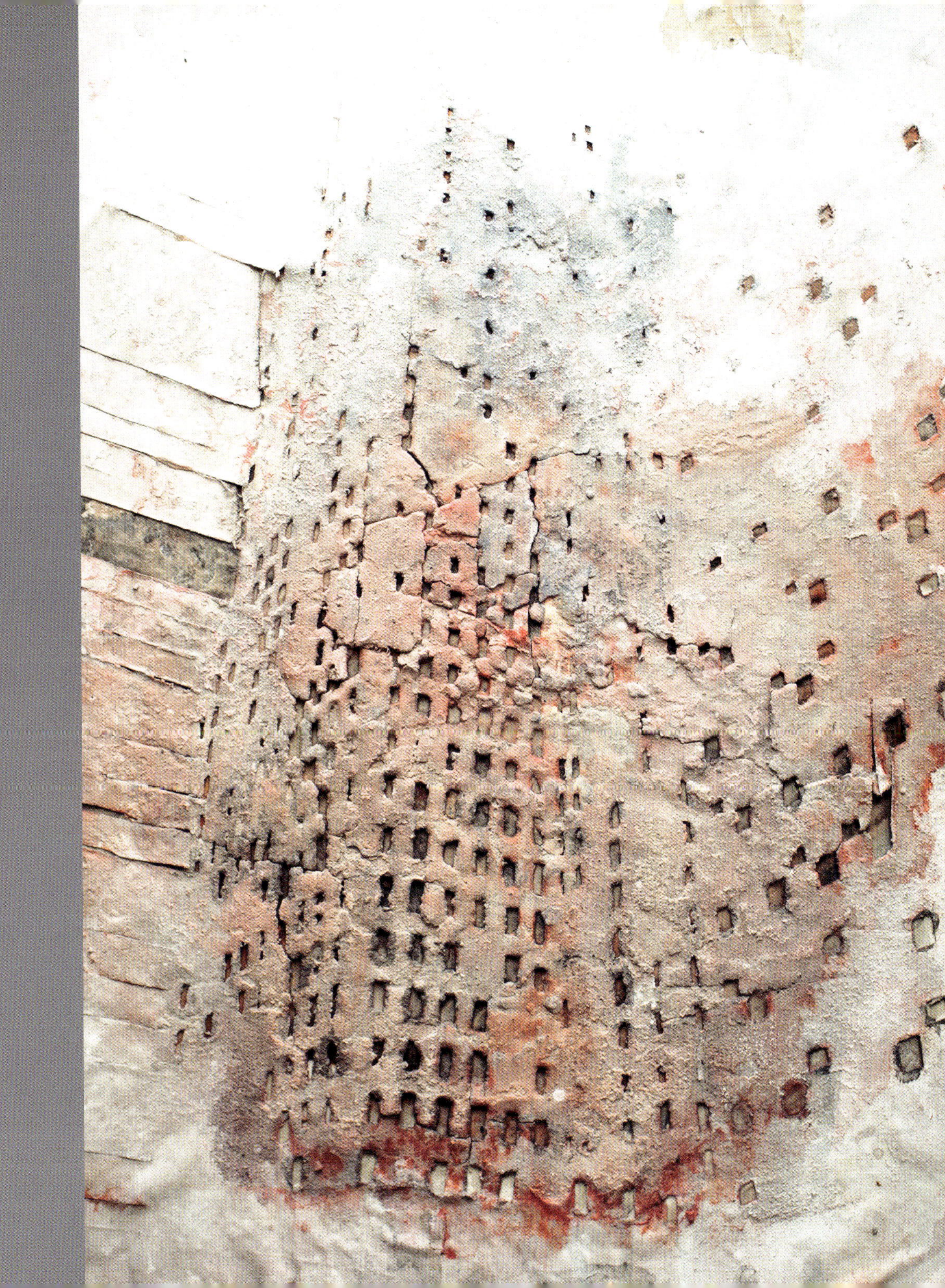

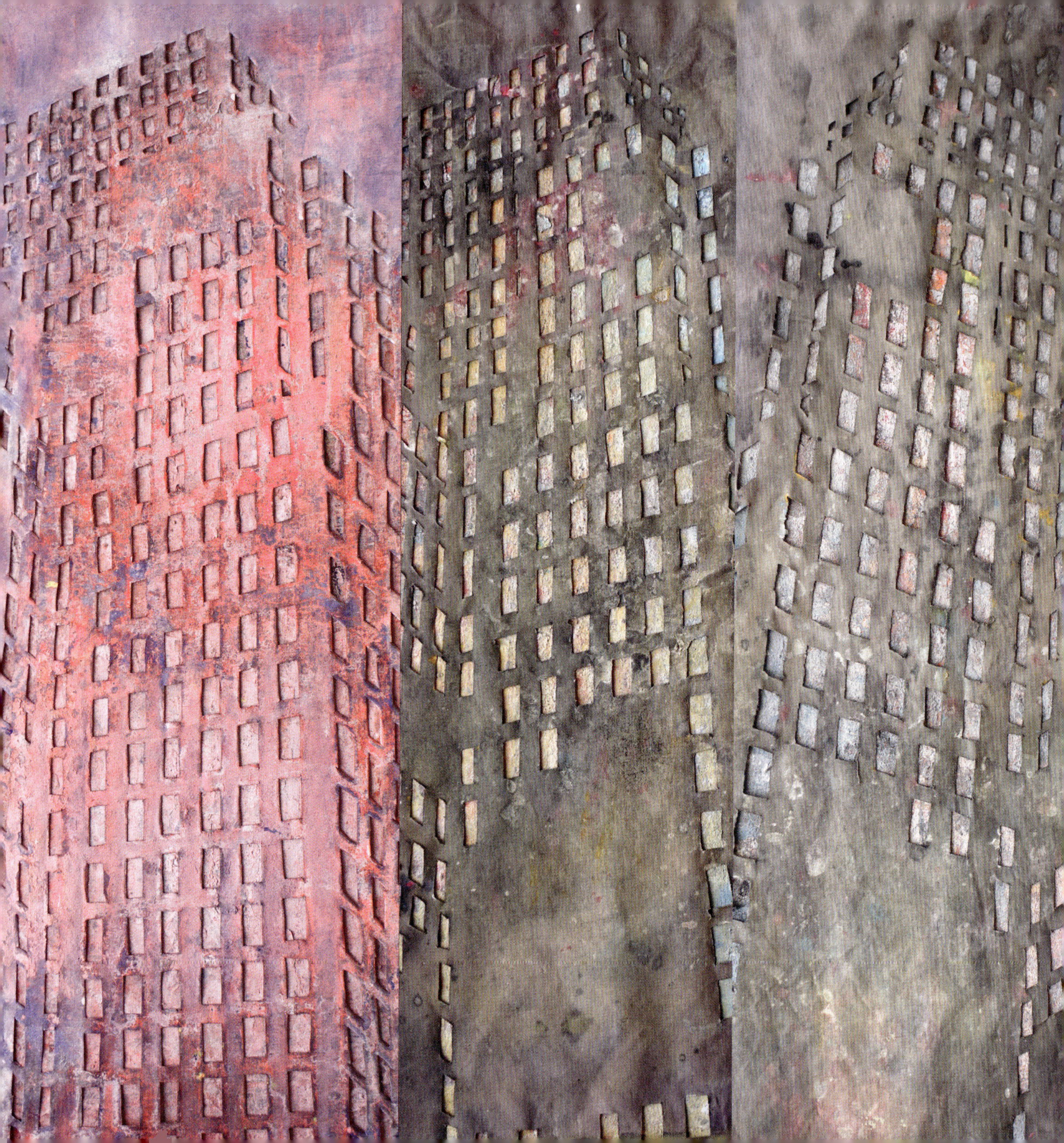

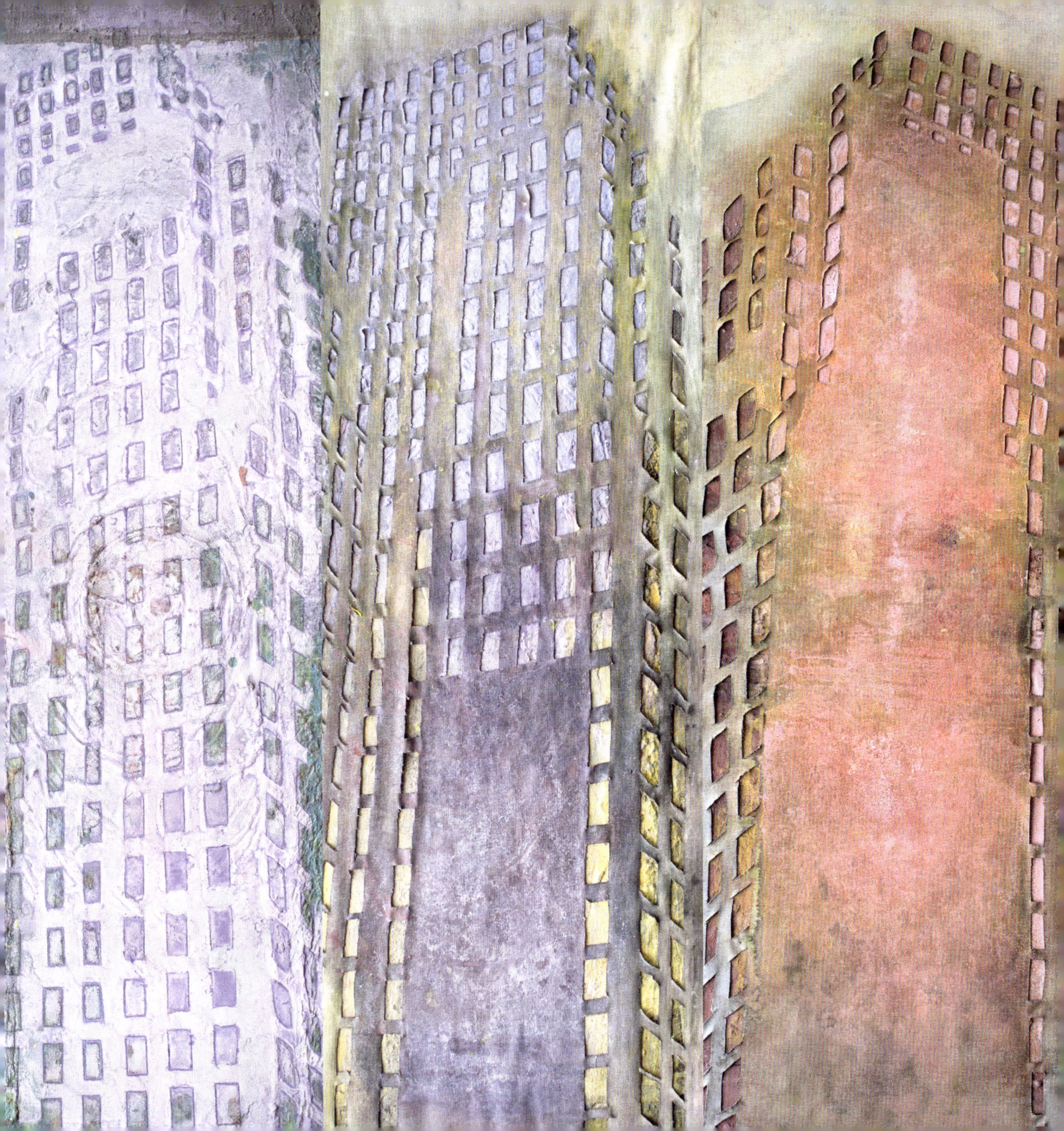

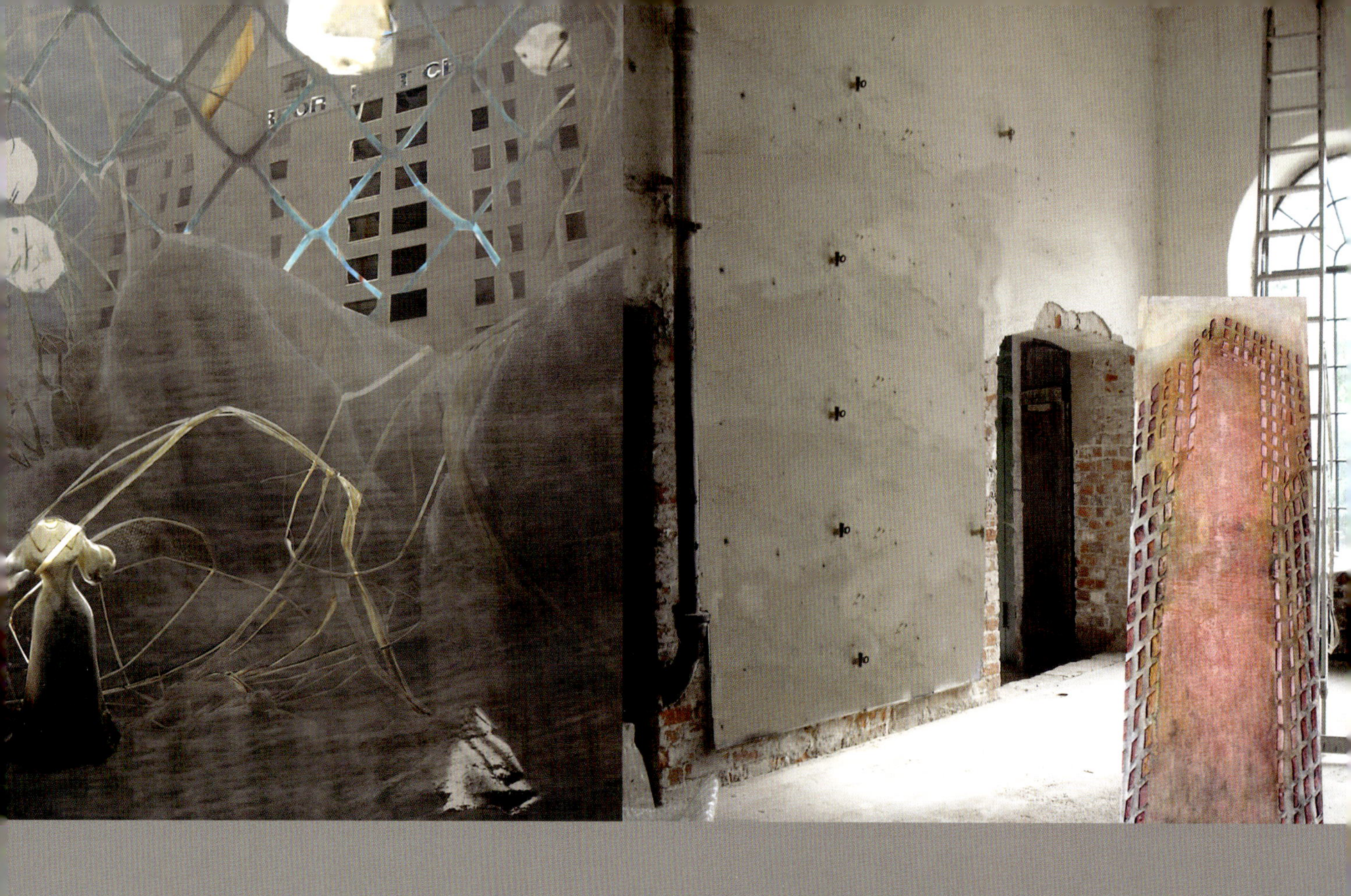

ALEKSANDRA HIRSZFELD
DETROIT. DIE STADT UND DAS NICHTS

Es gibt eine Blume der Leere, die aus der großen Erde erwächst,
und es gibt eine ganze Erde, die aus einer Blume erblüht.
Erkennet also diese tiefe Wahrheit,
dass die Blume der Leere zusammen mit der Leere der Erde erblüht.
Dōgen Kigen, Rolle XIV[1]

Leere, die aufsaugt und hervorbringt

Eine Stadt, die gestorben ist. Eine Stadt, wüst und leer. Erst in solch einem Raum kann Inspiration entstehen. Ungeordnet und irreal. Nicht gesättigt von Bekanntem und Alltäglichem. Von Gegenwärtigem. Als Ewa Trafna 2012 nach Detroit fuhr, fand sie sich im Epizentrum des Verfalls einer der einst reichsten Städte der Vereinigten Staaten von Amerika wieder, dem Symbol für den Bankrott des Neoliberalismus, Friedhof einer kapitalistischen Metropole. Angesichts dieser Trümmer der Gegenwart, dieses Inbegriffs der Globalisierung und des amerikanischen Glaubens an den Wohlstand, der aus der Autolobby hervorgehenden Macht, arbeitet Ewa Trafna mit der Materie des Zerfalls. Die postvisionäre Stadt gewinnt, gerade aufgrund ihrer einstigen Macht, durch ihren Verfall an Attraktivität – 1950 gab es dort bis zu 300 000 Arbeitsplätze in der Autoindustrie; während Ewa Trafnas Aufenthalt hatte sich diese Zahl bereits auf nicht einmal 10% davon minimiert. Aus der Spannbreite der sich im Laufe der Geschichte ereignenden Vibrationen dieser Stadt, die 2012 einen Zustand minimaler Schwingungen erreichten, entsteht eine neue Qualität. Eine Leere, die etwas hervorbringt.

Untergehende Städte

Geisterstädte, verwunschene Städte. Nichts weckt so sehr das Gefühl der Verlagerung, des Nicht-am-Platze-Seins wie der Aufenthalt in einer Stadt, die ihr eigener Schatten ist. Die Spuren des Lebens machen uns das Spektrum an Möglichkeiten bewusst. Mit den Augen der Fantasie sehen wir einstiges Leben. Jedoch wird nicht dies zu Ewa Trafnas Bezugspunkt. In ihren Arbeiten finden wir keine menschlichen Geschichten. Eigentlich gibt es in ihnen keinerlei Spuren von Menschen – ihrer Schicksale, Wünsche oder Enttäuschungen über die spektakuläre Katastrophe der Stadt ihres Lebens. Die Künstlerin konzentriert sich auf die Denkmäler, d. h. die Brandstätten oder auch Skelette, die übrigblieben und weiterhin von Urbanität zeugen. Gebäude. Wellenartige, stolze Baukörper. Die DNA der Urbanität. Ungerührt von dem, was sich ereignet hat. Detroit ist wohl das wirkungsvollste Symbol des amerikanischen Niedergangs. Ewa Trafna skannt die Struktur dessen, was nach diesem Verfall übriggeblieben ist, doch gleichzeitig stellen diese Denkmäler an sich nicht das dar, worauf sie in ihrem Schaffen abzielt. Ewa Trafna interessiert sich für deren Potential, das Zukünftige. Eine gewisse Art des Überdauerns, die über die Möglichkeit weiterer Inkarnationen des jeweiligen Ortes entscheidet.

Weil es dort nichts gibt

Als ich mit Ewa über die Gründe sprach, die dazu führten, sich mit dem Thema Detroit auseinanderzusetzen, erwiderte sie: „Weil es dort nichts gibt." Das ist natürlich eine listige Metapher, die Ewa Trafnas eigene Suche unterstreicht. Lassen wir uns nicht irreführen von diesem „Nichts". Dahinter verbirgt sich der Reichtum an Inspiration. Die bereits erwähnte Leere, die etwas hervorbringt. Da ist es kein Zufall, dass Trafnas vorhergehender Zyklus von der israelischen Wüste Negev inspiriert war, der sie zehn Jahre intensiver Arbeit gewidmet hatte. Der Negev-Zyklus besteht aus einigen hundert Objekten – Gemälden, Tüchern, Stelen, darunter die hölzerne Stele des Denkmals in Jedwabne. Ewa Trafna gewinnt ihre Inspiration aus leeren Zuständen bzw. aus Räumen, die im jeweiligen Moment nicht zu sehr von der Energie anderer Menschen aufgeladen sind. Sie stellt eine Verbindung zu einem gegebenen Raum her, um die eigene schöpferische Batterie aufzuladen und so über einige Jahre ein Thema bearbeiten zu können. Detroit ist eine Serie von über 100 Arbeiten, die Ewa Trafna bereits seit über fünf Jahren erschafft, darunter etwa 60 Gemälde verschiedener Größe, Arbeiten auf Papier und Stahlbücher.

Fenster

Ewa Trafnas Dokumentation der Stadt Detroit, die sie während ihres viermonatigen Aufenthaltes vor Ort gemacht hat – postkartenartige Fotos sowie kurze, mit einer Digitalkamera gedrehte Videos – lässt den Eindruck entstehen, in dieser Stadt dominierten die zuvor erwähnten monumentalen, verlassenen Gebäude mit ihren stumpfen Fenstern. Eben diese Fenster werden zum Bezugspunkt, zur Inspirationsquelle, zum zentralen Objekt dieser Malerei.
In der fernöstlichen Philosophie, insbesondere im Buddhismus, schenkt die Leere Raum für Neues. Den Geist von jedwedem Inhalt zu befreien und ihn zu beruhigen, ermöglicht dem Bewusstsein, sich auf ein Erkennen zuzubewegen, das jenseits des Intellekts, jenseits der Sprache liegt. Jenseits des Nennbaren. In diesem Sinne spielen die Fenster in Ewa Trafnas Malerei die Rolle von (Nicht-)Zeichen dieser Leere, die zur Befreiung von der Analyse und Interpretation aufrufen, zugunsten eines Eintauchens in die Dauer. Außerdem beruhigt die bei der Anordnung der Fenster angewandte Symmetrie, und sie vertieft das Gefühl einer Verbindung mit der pythagoreischen Sphärenharmonie. Wir können uns der Suche nach Dauer hingeben, während wir uns gleichzeitig im geschützten Rahmen dessen bewegen, was uns vertraut ist: Harmonie, Symmetrie, Proportion. Betrachtet man Ewa Trafnas Malerei und lässt sie auf sich wirken, hat man die Chance, selbst eine Reise in die Welt des Undefinierten zu unternehmen. Die Fenster, die die Leere geometrisch bündeln, sind wie schwarze Löcher, die alles in sich aufsaugen und zum Nachdenken über das Unsagbare, doch zum Leben Unerlässliche anregen.

Schichten

Dieser Effekt wird noch zusätzlich durch den schichtartigen Aufbau der Malerei unterstützt, der die Fenster auf einer anderen Ebene erscheinen lässt als das Skelett von Gebäude oder Landschaft. Der Untergrund der Detroit-Bilder wird mit einer ganz eigenen Technik ausgeführt. Von der Seite aus betrachtet entdeckt man zahlreiche Schichten. Die Fenster sind ausgeschnitten – Tunnel in die Leere. Ihre Malerei hat plastische Qualität. Trafna hat Leinwände nie nur als Oberflächen behandelt. Die Leinwand hat für sie eine Dreidimensionalität, in die sie sehr bewusst eingreift. Sie durchbricht, zerschneidet, verdickt sie. Das Verleihen von Tiefe nicht allein durch Perspektive, sondern ebenso durch den physischen Eingriff und das Schaffen von dreidimensionalen malerischen Installationen, bildet ein Gegengewicht zur Thematik der Bilder. Man kann sich ruhig visuell darauf ‚stützen' und mithilfe der Fantasie in die erwähnten Tunnel der Leere abtauchen.

Dieselbe Rede gilt nun auch von jener Natur,
die alle Körper in sich aufnimmt;
diese ist als stets dieselbe zu bezeichnen,
denn sie tritt aus ihrem eigenen Wesen
durchaus nicht heraus.
Nimmt sie doch stets alles in sich auf
und hat sich nie und in keiner Weise
irgendeinem der Eintretenden ähnlich gestaltet;
denn ihrer Natur nach
ist sie für alles der Ausprägungsstoff,
der durch das Eintretende
in Bewegung gesetzt und umgestaltet
wird und durch dieses bald so,
bald anders erscheint.
Das Ein- und Austretende aber sind
Nachbilder des ständig Seienden,
diesem auf eine schwer auszusprechende,
wundersame Weise nachgebildet […].
Timaios[2]

Vibrationen der Vergangenheit

Meiner Ansicht nach balancieren Trafnas Arbeiten zwischen einer Verfallsdokumentation und der Ankündigung neuer Möglichkeiten. Verfallene Städte strahlen außergewöhnliche Vibrationen aus, die sich anderen, gut prosperierenden und bewohnten Orten nur schwer zuschreiben lassen. In ihnen kann man die Präsenz dessen spüren, was erst in der Zukunft entstehen könnte. Zugleich ist das, was sie dem Ort zu geben scheinen, weder klar, noch vorgegeben oder bekannt, auch wenn es zwangsläufig geschieht. Befinden wir uns in einer Stadt, in der das Leben pulsiert, machen wir uns keine Gedanken über deren Potential. Normalerweise tauchen wir in ihre Gegenwart ein und laben uns an ihrem Hier und Jetzt. Untergegangene Städte hingegen zwingen uns zu Entwürfen, Träumen und zum Nachdenken über sie.

Werkstatt

Bedeutsam sind immer auch die Orte der Entstehung von Kunstwerken. Als ich Ewa Trafna in ihrem Atelier besuchte, das sich auf einem Dachboden befindet, hatte ich das Vergnügen, eine ihrer Arbeiten im Entstehen zu Gesicht zu bekommen. Dieser Dachboden ist ein wenig wie eine Welt außerhalb Warschaus. Mit Orangerie und Oberlicht, direkt im Zentrum von Żoliborz, ist er ein Ort, der nicht an moderne Malerateliers erinnert. Auf kleinstem Raum finden viermal so viele Gemälde Platz, wie die Grundfläche beträgt, was in gewissem Sinne von Trafnas horror vacui zeugt. Dieser Ort ist das absolute Gegenteil von Detroit oder der Wüste Negev. Ein

Gegengewicht, eine Art Negativ. Deshalb werden die Arbeiten, die Ewa Trafna in so großer Zahl produziert, für sie selbst zu einer Form des Atmens. Das Malen ist eine Art obsessiver Tätigkeit. Ein Zwang. Der in Detroit aufgesogene Raum materialisiert sich in den Bildern. Die Staffelei nimmt die Form der Lungen an, jedes neue Gemälde die eines weiteren Atemzugs.
Kommen wir jedoch zurück auf die von mir vorgefundenen Arbeiten. Auf einem hölzernen Tisch, bedeckt von einem Stapel verschiedener Papiere und Bücher, liegt obenauf Transparentpapier mit Bleistiftskizzen von den Umrissen eines Gebäudes in Detroit. Daneben befinden sich im Dickicht der Pflanzen ein Lineal und ein mittelgroßes Skalpell. Vermutlich das Werkzeug, das die erwähnten Tunnel der Leere geschaffen hat. Auf dem Boden steht eine begonnene Leinwand, auf der sich die Struktur des auf dem Tisch liegenden Transparentpapiers wiederfinden lässt. Die Arbeit muss einen Moment lang beiseite gelegt worden sein, wirkt jedoch zugleich wie eine lebendige, weil „gebrauchte“ Komposition. Ewa Trafna malt mit Öl und Acryl auf mehreren Leinwandschichten. Oft fügt sie zusätzliches Material hinzu, dessen Herkunft sie nicht verraten will und das ihre Werke von klassischer Malerei in dreidimensionale malerische Installationen umwandelt.
Der Detroit-Zyklus hat nicht nur einen Ton oder eine dominante Farbgebung. Wir finden darin sowohl pastellfarbene, zarte, beinahe träumerische Arbeiten, als auch ungewöhnlich monumentale und zudem auf riesigem Format aufgebrachte Werke mit klaren, grellen Farben. Unveränderlich bleiben jedoch in fast allen die stumpfen Fenster – die Tunnel der Leere, die über das Unaufhaltsame bestimmen, über das, was kommen wird.

Übersetzung: Uta Schorlemmer

ALEKSANDRA HIRSZFELD
DETROIT. THE CITY AND THE VOID

There are flowers of Unbounded Space
which are based on coming forth from the earth,
and there is the whole earth
which is based on the opening of flowers.
So, keep in mind this main point:
the flowers of Unbounded Space
cause both the opening up of the earth
and the unfolding of Unbounded Space
Dögen Kigen, scroll XIV[1]

Emptiness That Absorbs and Brings Forth

A city that has died. A city, desolate and deserted. Only in such a space inspiration can arise. Disordered and unreal. Not saturated with the familiar and the mundane. With the present. When Ewa Trafna traveled to Detroit in 2012, she found herself in the epicenter of disintegration—once one of the wealthiest cities of the United States of America—a symbol for bankruptcy of neoliberalism, a cemetery of a capitalist metropolis. In view of the present ruins, this epitome of globalization, the American dream of prosperity and power arising from the auto lobby, Ewa Trafna works with the subject of disintegration. Precisely because of its former power, the post-visionary city gains attractiveness through its decline. In 1950 there were up to 300,000 jobs in the auto industry in Detroit; during Ewa Trafna's stay this number had decreased to less than 10%. The vast span of Detroit's vibrations occurring throughout the course of history, reaching a state of minimal oscillations in 2012, gives rise to a new quality. A void that brings forth something new.

Collapsing Cities

Ghost towns, imprecated cities. Nothing so greatly inspires the feeling of displacement, of being-out-of-place, as staying in a city that is its own shadow. The vestiges of life make us conscious of the spectrum of possibilities. Through our eyes of imagination we see can see life of the past. Yet this is not Ewa Trafna's reference point. There are no human stories in her work. In fact, there are no hints of people at all—their fate, dreams, or disappointment about their own city's spectacular catastrophe. The artist focuses on monuments, thus the incendiary ruins and skeletons that have remained and are a clear demonstration of urbanity. Buildings. Proud, undulating structures. The DNA of urbanity. Untouched by what happened. Detroit is one of the strongest symbols for American decline. Ewa Trafna sketches what has remained of the structure after disintegrating, yet simultaneously these monuments don't represent that which they were built for. Ewa Trafna is interested in their prospective potential. A certain kind of perseverance that determines possible additional incarnations of these respective sites.

Because There Is Nothing There

When I spoke with Ewa about the reasons that led her to tackle the subject of Detroit, she replied: "Because there is nothing there." This, of course, is a subversive metaphor that underlines Ewa Trafna's own search. Let us not be misled by this "nothingness". Behind this is hiding an abundance of inspiration. It is that aforementioned void which brings forth something new. It is not coincidental that Trafna's preceding series was inspired by the Israeli desert of Negev, to which she dedicated over ten years of intensive work. The Negev series consists of several hundred objects: paintings, cloth, stelae, including the wooden stele of the monument in Jedwabne. Ewa Trafna draws her inspiration from states of emptiness or from spaces that at a given moment are barely charged with energy of other people. She connects with a given space in order to charge her own creative battery and, consequently, work on a subject for several years. Detroit is a series of over 100 works of art that Ewa Trafna has been working on for over five years, including 60 paintings of various sizes as also work on paper and steel books.

Windows

The documentation of the city of Detroit that Ewa Trafna created during her four-month visit—postcard-like photos and short videos shot with a digital camera—gives the impression that the aforementioned monumental abandoned buildings with their blunt windows dominate the city. These very windows are the starting point, the source of inspiration, the central object of her art.

In Far Eastern philosophy, especially in Buddhism, emptiness provides space for something new. Emptying and calming the mind allows the consciousness to move towards an understanding that is beyond the intellect, beyond language. Beyond the mentionable. In this sense, the windows in Ewa Trafna's paintings represent (non-)signs of this emptiness, which call for a liberation from analysis and interpretation in favor of an immersion in permanence. Moreover, the symmetry in the arrangement of the windows calms and deepens the feeling of a connection with the Pythagorean harmony of spheres. We can indulge in the search for permanence while at the same time move in the protected framework of what is known to us: harmony, symmetry, proportion. Whilst observing Ewa Trafna's paintings and allowing oneself to contemplate them, one has the opportunity to go on an individual journey into the world of the undefined. The windows, which focus on the void geometrically, are like black holes that absorb everything and stimulate one to reflect upon the ineffable yet essential for life.

Layers

This effect is reinforced by the layered structure of the paintings that make them appear to be on a different plane than the framework of the building or landscape. The preliminary layer of the Detroit paintings is executed with its very own technique. Observed from the side, one discovers many layers. The windows are cut out—tunnels into the void. Her paintings have a sculptural quality. Trafna has never treated canvas as just a surface. Canvas has for her a three-dimensionality that she consciously engages with. She breaks through it, cuts and thickens it. The creation of depth—created not only through perspective, but also through the physical interventions and the three-dimensional canvas installations—forms a counterbalance to the subject matter of the paintings. This provides visual 'support' and lets the viewer, by virtue of his imagination, be carried away into these tunnels of emptiness.

And the same argument applies to the universal nature
which receives all bodies-that must be always called the same;
for, while receiving all things, she never departs at
all from her own nature, and never in any way, or at any time,
assumes a form like that of any of the things which enter into her;
she is the natural recipient of all impressions,
and is stirred and informed by them,
and appears different from time to time by reason of them.
But the forms which enter into and go out of her
are the likenesses of real existences modeled after their patterns
in wonderful and inexplicable manner,
which we will hereafter investigate.
Timaios[2]

Vibrations of the Past

In my opinion, Trafna's work is a balancing act between a documentation of disintegration and the signaling of new possibilities. Disintegrating cities emit unique vibrations that can hardly be attributed to well prosperous and inhabited places. In them one can sense the presence of that which might come forth in the future. What they seem to give to a place, at the same time, is neither clear, nor determined or known, even though it is inevitable. When we are in a city full of life we don't think about its potential. We usually immerse ourselves in its presence and take pleasure in the here and now. Collapsed cities, on the other hand, force us to draft, dream, and reflect upon them.

Workshop

Even the places where artwork is created are relevant. When I visited Ewa Trafna in her studio in the attic, I had the pleasure of seeing one of her works in progess. This attic is a bit like a world outside of Warsaw. With an orangery and skylights, right in the center of Żoliborz, it does not resemble contemporary art studios. In the smallest space there are four times as many paintings as floor space, which in a sense affirms Trafna's *horror vacui*. It is a place that is the complete opposite of Detroit or even of the Negev desert. A counterweight, a kind of negative. That is why the great number of work that Ewa Trafna produces turns into a form of breathing for her. Painting is a type of obsessive behavior. A compulsion. The space absorbed in Detroit materializes in the paintings. The easel turns into the shape of lungs, each new painting another breath.

Let us return to the work I found. On a wooden table, covered with a pile of assorted paper and books, lies tracing paper with a pencil sketch outlining a building in Detroit. Next to it, in the thicket of plants, there is a ruler and a medium-sized scalpel. This is certainly the tool that created the alluded tunnels of emptiness. On the floor there is a canvas in progress, where one can discover the same composition as the sketch on the table. The work has been set aside for a moment. At the same time it seems like a living composition, because it is "in use". Ewa Trafna paints in oil and acrylic on several layers of canvas. She often adds additional material—whose origin she does not want to reveal—that transform her work from traditional paintings into three-dimensional installations.

The Detroit series does not have just one tone or dominant color scheme. In it, we find both pastel-colored, delicate, almost dreamy work as well as unusually monumental work in huge formats with clear, bright colors. Unchanging, though in almost all the work there also remains: the blunt windows—tunnels of emptiness that determine the inevitable.

Translation: Clara Luise Hildebrand, Catharine Nicely, Sarah Schorlemmer

ALEKSANDRA HIRSZFELD
DETROIT. MIASTO A NICOŚĆ

Istnieje kwiat pustki, który wyrasta z wielkiej ziemi,
istnieje cała ziemia, która rozkwita z kwiatu.
Poznajcie zatem tę głęboką prawdę,
że kwiat pustki zakwita razem z pustką ziemi.
Dōgen Kigen, Zwój XIV[1]

Pustka, która wsysa i która rodzi

Miasto, które umarło. Miasto, które sieje pustką. Dopiero w takiej przestrzeni może narodzić się inspiracja. Niepoukładanej i nieoczywistej. Nie naznaczonej już tym, co znane i codzienne. Co teraźniejsze. Ewa Trafna jadąc w 2012 roku do Detroit trafia na epicentrum upadku jednego z najbogatszych kiedyś miast Stanów Zjednoczonych. Symbol bankructwa neoliberalizmu, cmentarz kapitalistycznej metropolii. I w tych zgliszczach współczesności, pigułce globalizacji i amerykańskiego snu o dobrobycie, potęgi wyrosłej na lobby samochodowym pracuje z materią upadku. Miasto post-wizji właśnie dzięki swojej przeszłej potędze – w 1950 roku było tam aż 300 tys. miejsc pracy w przemyśle motoryzacyjnym, by na czas pobytu Trafnej zmniejszyć się do niecałych 10% tej liczby – staje się dodatkowo atrakcyjne w swej upadłości. Z rozpiętości dziejących się na przestrzeni historii wibracji tego miejsca, które na 2012 rok osiągnęły stan drgań minimalnych, rodzi się kolejna jakość. Pustka, która rodzi.

Upadające miasta

Miasta duchy, miasta widma. Nic tak nie budzi poczucia relokacji, bycia nie na miejscu, jak bycie w mieście, które jest własnym cieniem. Ślady życia przywołują do wyobraźni spectrum możliwości. Oczami wyobraźni widzimy dawne życie. Jednak nie ono staje się punktem odniesienia Trafnej. W pracach jej nie znajdziemy ludzkich historii. Właściwie nie ma w nich śladu człowieka – jego losów, pragnień czy rozczarowania spektakularną katastrofą miasta jego życia. Artystka przede wszystkim skupia się na pomnikach , to znaczy na zgliszczach czy też szkieletach, które pozostały i które nadal świadczą o urbanizacji. Budynki. Faliste, dumne bryły. DNA miejskości. Pozostawione niewzruszone tym, co się wydarzyło. Detroit to chyba największy symbol amerykańskiego upadku. Ewa Trafna skanuje strukturę tego, co pozostało po tym upadku, ale jednocześnie pomniki te nie stanowią same w sobie dla jej twórczości punktu docelowego. Ewę Trafną interesuje w nich potencjał, to co przyszłe. Pewien rodzaj trwania, który stanowi o możliwości kolejnych wcieleń danego miejsca.

Dlatego, że tam nie ma nic

Kiedy rozmawiałam z Ewą o powodach, które sprawiły, że zajęła się tematem Detroit, ona odpowiedziała: „Dlatego, że tam nie ma nic." To oczywiście przewrotna metafora, ale bardzo mocno podkreślająca własne poszukiwania Trafnej. Nie dajmy się zwieść owemu „nic". To za nim kryje się bogactwo tego, co inspirujące. To wspomniana już pustka, która rodzi. Nie przez przypadek jej wcześniejsza seria była zainspirowana izraelską pustynią Negew, której poświęciła ponad 10 lat intensywnych prac. Negew to seria kilkuset obiektów –

obrazów, płacht, stelli, w tym drewniana stella w pomniku zrealizowanym w Jedwabnem. Ewa Trafna czerpie inspiracje z pustostanów czy przestrzeni, które w danym momencie nie są mocno energetycznie zasilane przez innych ludzi. Podłącza się do danej przestrzeni, by doładować swoje baterie twórcze i następnie przez kilka dobrych lat eksplorować jeden temat. Detroit to seria ponad 100 prac, w tym 60 obrazów różnych wielkości, papierów, ksiąg stalowych, którą Trafna tworzy już od ponad 5 lat.

Okna

Oglądając dokumentacje miasta Detroit zrobioną przez Ewę podczas jej czteromiesięcznego tam pobytu – i to zarówno w postaci zdjęć pocztówek, jak również nakręconych cyfrową kamerą krótkich filmów – można odnieść wrażenie, że w mieście tym dominują wspomniane już wcześniej monumentalne opustoszałe budynki, z cichymi oknami. I to owe okna staną się punktem odniesienia, inspiracją, centralnym obiektem malarstwa. W filozofii wschodu, zwłaszcza w buddyzmie pustka daje przestrzeń do narodzin. Wyciszenie i uwolnienie umysłu od wszelkich treści pozwala wypłynąć świadomości w stronę poznania, która jest poza intelektem, poza językiem. Tym, co nienazwane. I tak też okna w malarstwie Ewy Trafnej zdają się pełnić rolę (nie)znaków pustki nawołujących do uwolnienia się od analizy i interpretacji na rzecz zanurzenia się w trwaniu. Dodatkowo zaaplikowana symetria w rozstawieniu okien uspokaja i pogłębia poczucie połączenia z pitagorejskimi prawami kosmosu. Możemy oddać się poszukiwaniom trwania będąc jednocześnie zaopiekowanymi przez ramy tego, co nam znane: harmonie, symetrię, proporcję. Patrząc na malarstwo Ewy Trafnej i pozwalając mu działać na nas, mamy szansę odbyć własną podróż w świat niezdefiniowanego. Okna układając się w formie geometrycznych wiązek pustki są jak gdyby wsysającymi czarnymi dziurami budzącymi rozmyślania na temat tego, co niewyrażalne, acz niezbędne do życia.

Warstwy

Efekt ten dodatkowo podbity jest warstwowością malarstwa, które ustawiają okna na innym poziomie odbioru niż cały szkielet budynku czy krajobrazu. Podłoża prac z serii Detroit są wykonane jej własną techniką. Patrząc z boku można przyuważyć wiele warstw. W nich też wycina owe okna – tunele do pustki. Jej malarstwo ma znamiona rzeźby. Trafna nigdy nie traktowała płótna jako tylko powierzchni. Płótno ma dla niej swoją trójwymiarowość, w którą bardzo świadomie ingeruje. Przebija się przez nie, tnie, pogrubia. Nadawanie głębi nie tylko przez perspektywę, ale również przez fizyczną ingerencję i tworzenie trójwymiarowych instalacji malarskich stanowi przeciwwagę do tematyki obrazów. Można się na tym spokojnie „oprzeć” wzrokowo i popłynąć z wyobraźnią we wspomnianych tunelach pustki.

Jest ona bowiem z natury materią zdatną do formowania każdej rzeczy. Jest wprawiana w ruch i dzielona na figury przez przedmioty, które w nią wchodzą. Dzięki ich działaniu posiada już to ten wygląd, już to inny, podczas gdy rzeczy, które wchodzą do niej i z niej wychodzą, są 'obrazami' bytów wiecznych, formowanymi przez nie w sposób trudny do wyjaśnienia i godny podziwu.

Timajos[2]

Wibracje przeszłości

Dla mnie prace Ewy Trafnej balansują pomiędzy dokumentacją upadku a zapowiedzią kolejnych możliwości. Miasta upadłe mają w sobie niespotykane wibracje, które trudno doznać w innych, dobrze prosperujących, zamieszkałych miejscach. Czuć w nich obecność tego co może powstać dopiero w przyszłości. Jednocześnie to, czemu zdają się dawać miejsce nie jest jasne, dane czy wiadome, choć jest koniecznością. Gdy jesteśmy w mieście tętniącym życiem nie zastanawiamy się nad jego potencjałem. Zazwyczaj wsiąkamy w jego teraźniejszość kosztując jego dobra tu i teraz. Miasta upadłe każą nam projektować, śnić i myśleć o nich.

Warsztat

Znaczące zdają się być również miejsca tworzenia obrazów. Kiedy odwiedziłam Ewę Trafną w jej pracowni umiejscowionej na strychu miałam przyjemność zastać roboczą wersje jednej z prac. Strych jest trochę światem poza Warszawą. Z oranżerią oraz ze świetlikiem w dachu, w samym centrum Żoliborza, jest miejscem, które nie przypomina współczesnych malarskich atelier. Na małej powierzchni mieści się cztery razy tyle powierzchni obrazów, które w pewnym sensie świadczą o Trafnej horror vacui. To miejsce jest zupełnym przeciwieństwem Detroit czy pustyni Negew. To przeciwwaga, rodzaj negatywu. Dlatego prace, które Ewa Trafna produkuje w tak dużej ilości, stają się jak gdyby formą oddychania dla niej samej. Można byłoby powiedzieć, że malowanie jest formą działania obsesyjnego w życiu Trafnej. Pewnym przymusem. Zassana przestrzeń z Detroit materializuje się na obrazach. Sztaluga przybiera formę płuca, obraz zaś kolejnego oddechu.

Wracając zaś do zastanej przeze mnie pracy. Na drewnianym stole, mocno przykrytym stertą przeróżnych papierów i książek, na samej górze leżała kalka ze szkicami nakreślonymi ołówkiem jednego z budynków z Detroit. Obok, w gąszczu roślinności leżała linijka i średniej wielkości skalpel. To narzędzia, które zapewne tworzyły wspomniane tunele pustki. Na podłodze stało zaczęte płótno, na którym można było odnaleźć strukturę z leżącej na stole kalki. Praca była na moment w zawieszeniu, tworząc jednocześnie kompozycje żywą, bo „używaną". Ewa Trafna maluje olejem i Akrylem na kilku warstwach płócien. Często do nich dodaje dodatkowy materiał, którego pochodzenia nie chce zdradzić, a który właśnie przekształca jej prace z klasycznego malarstwa w malarską trójwymiarową instalację.

Seria Detroit nie ma jednej gamy czy dominanty kolorystycznej. Możemy znaleźć w tej serii zarówno pastelowe, delikatne, półsenne prace, jak i niezwykle monumentalne, podbite dodatkowo olbrzymim formatem prace o wyrazistych, ostrych kolorach. Niezmiennie jednak, prawie we wszystkich, pozostają ciche okna – tunele pustki, które stanowią o konieczności, tego co nadejdzie.

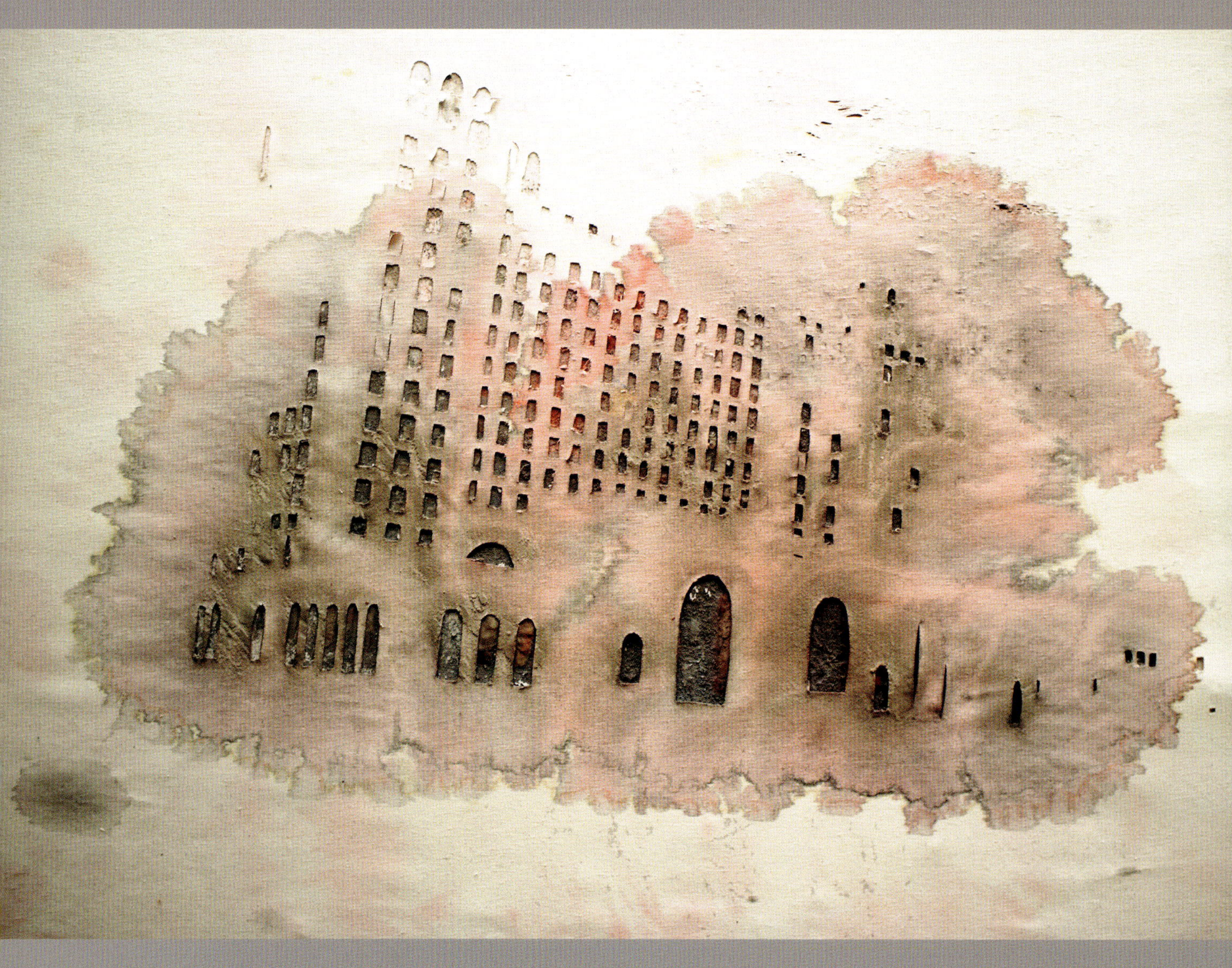

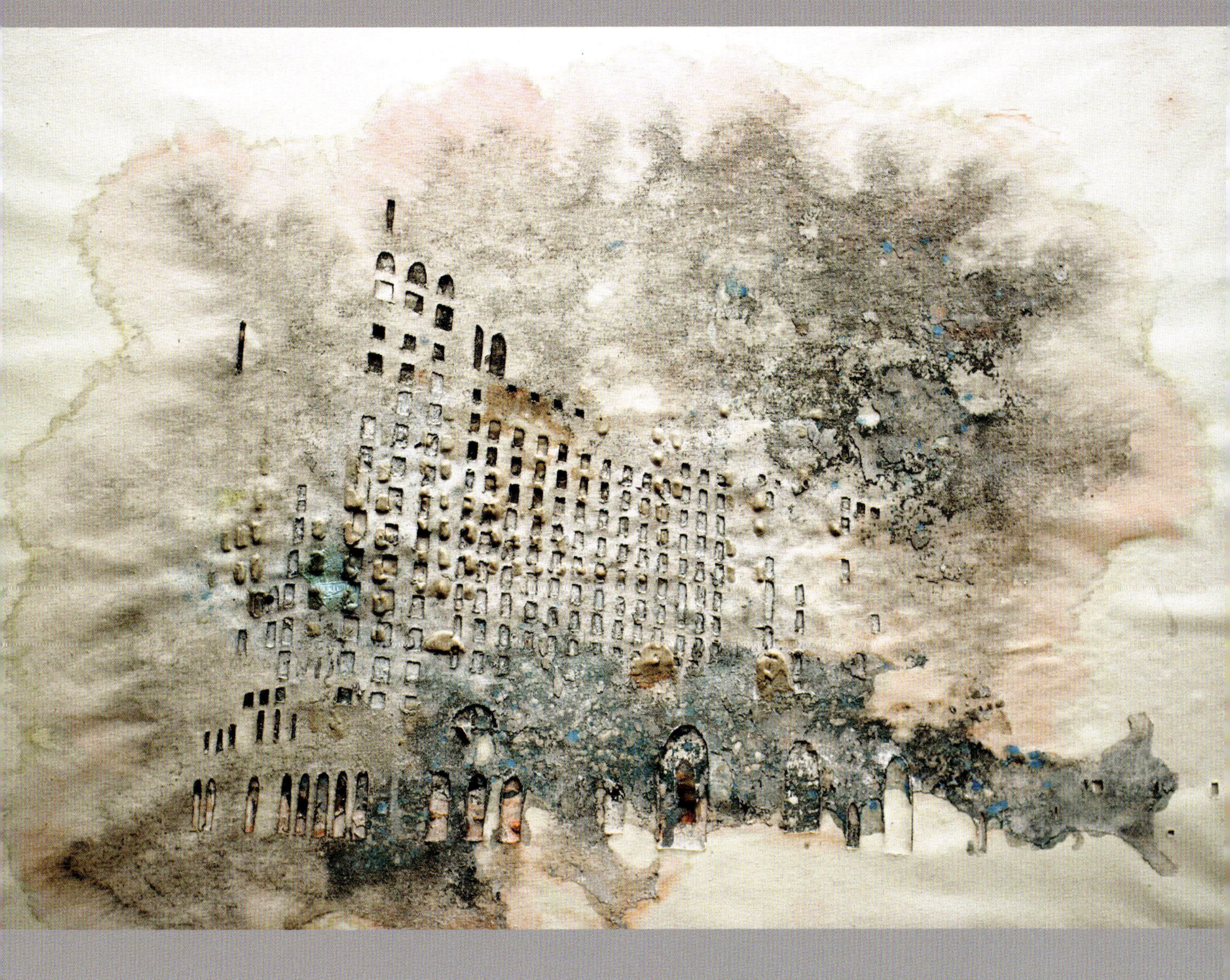

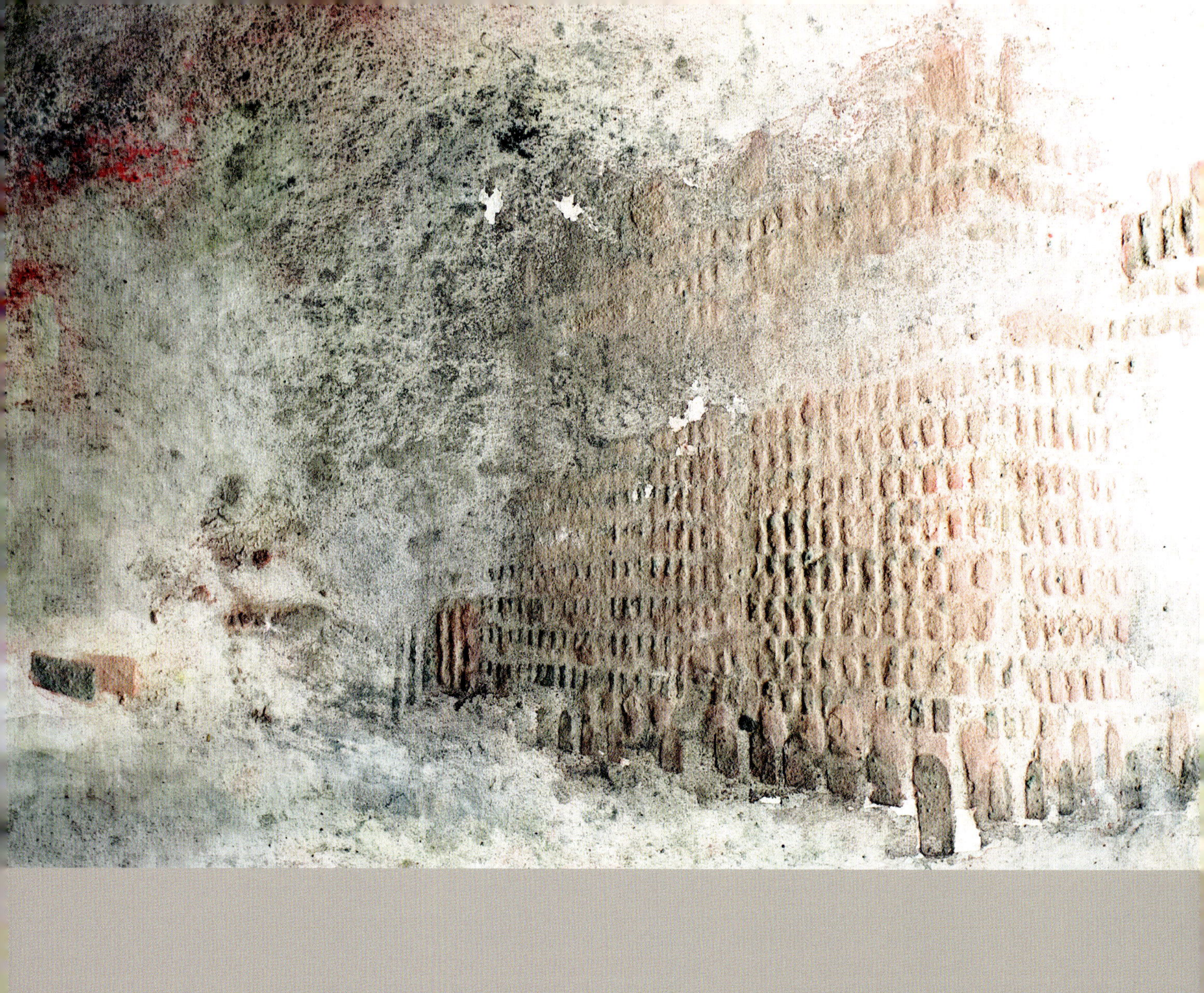

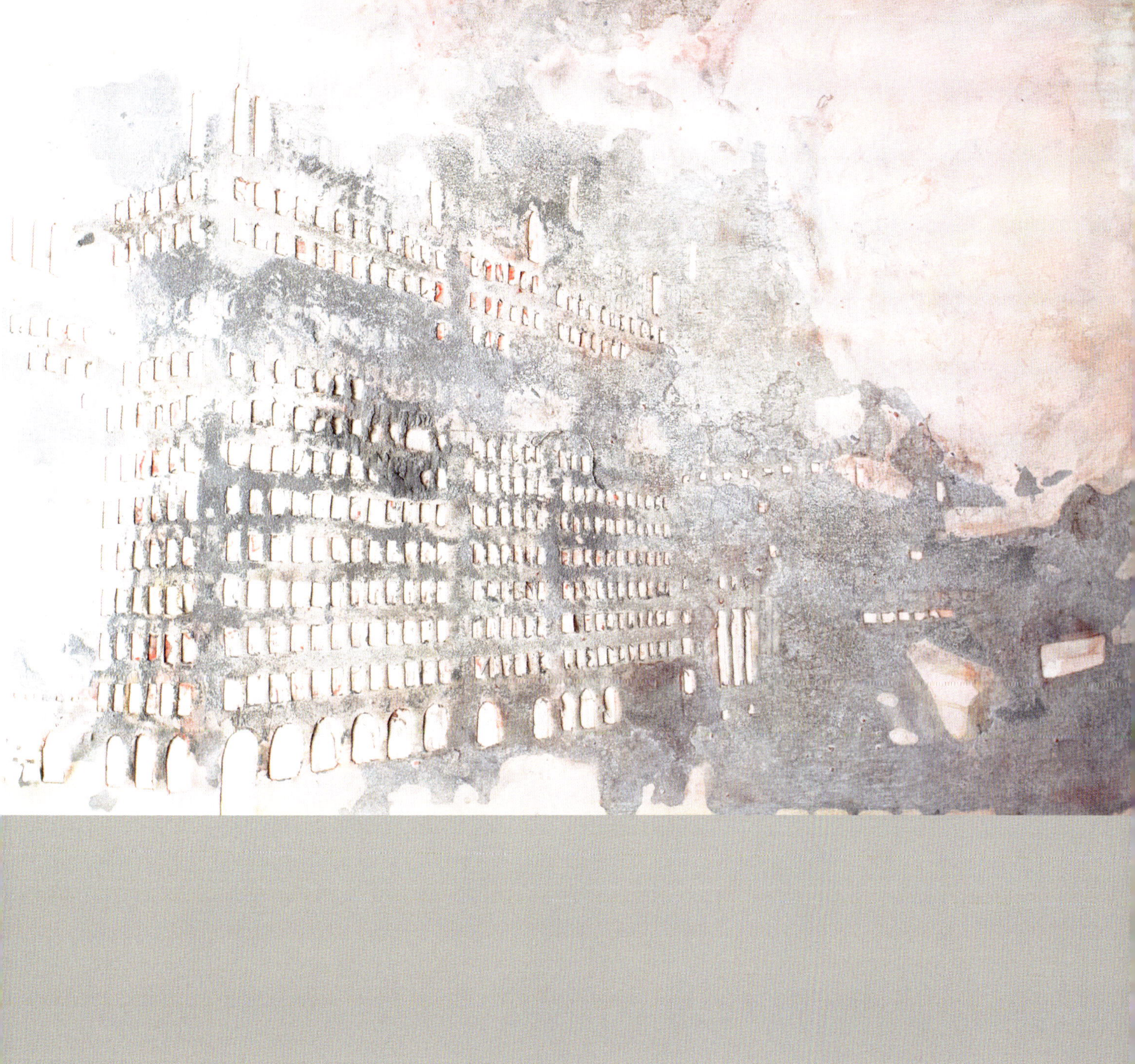

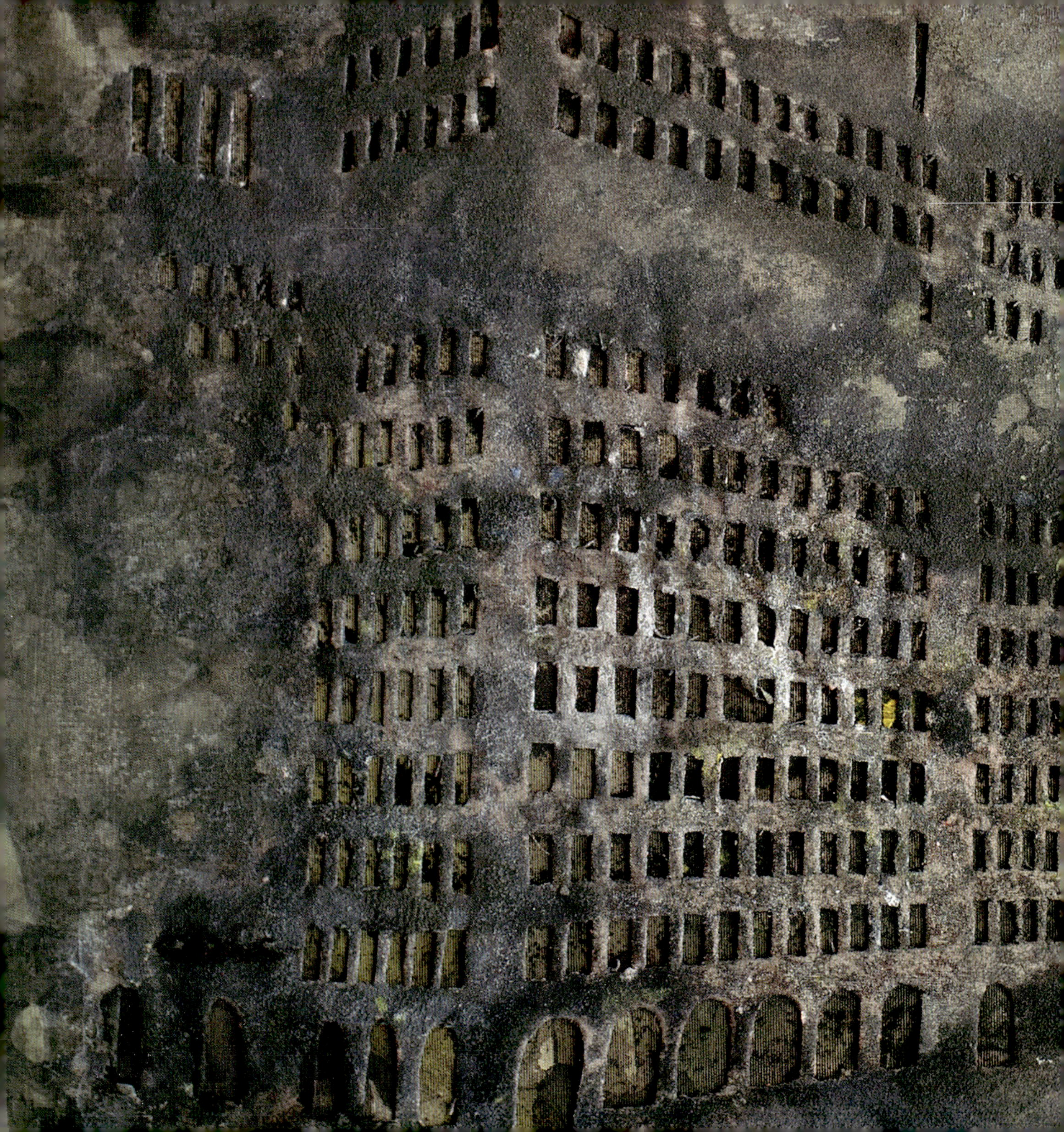

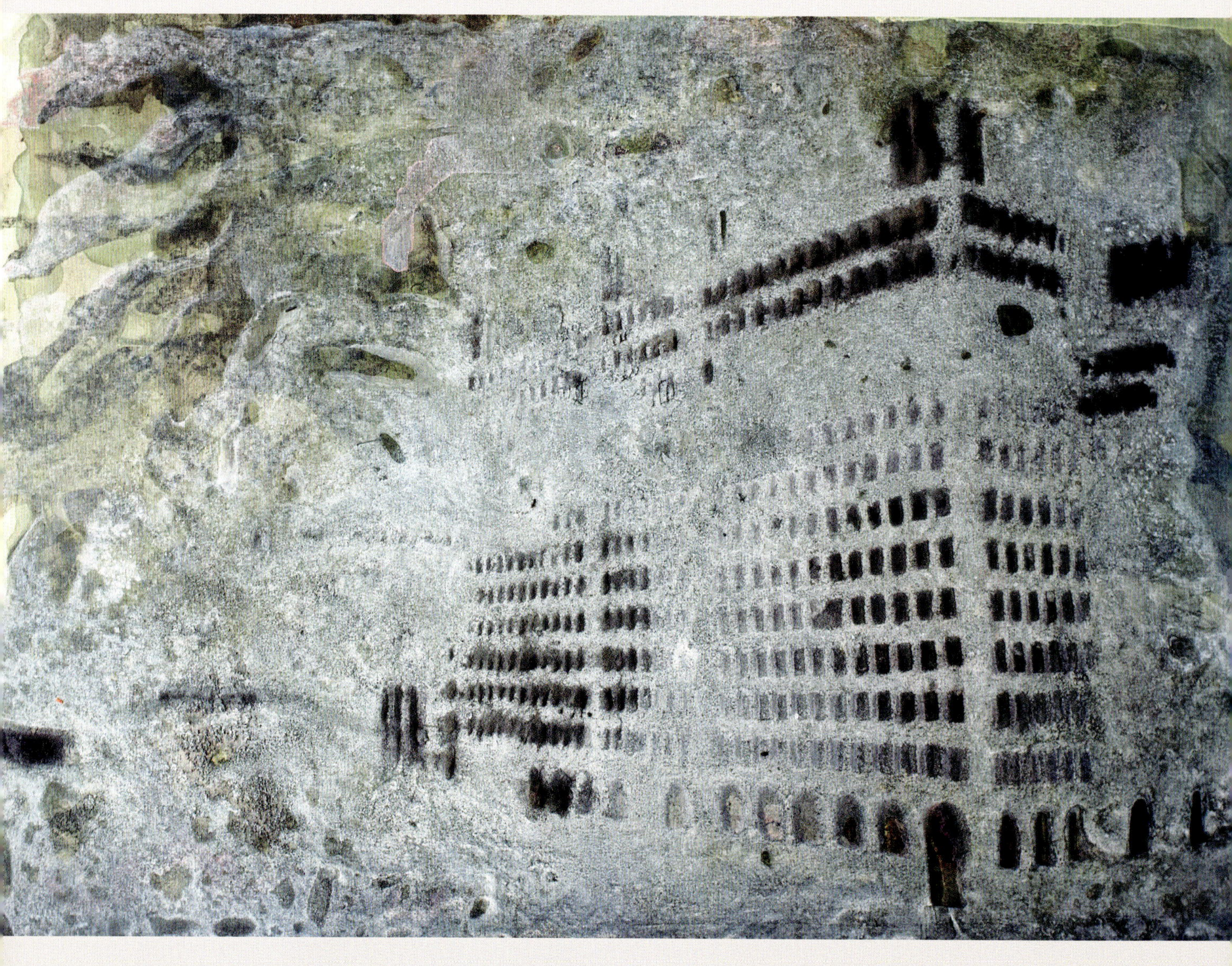

Desintegration ist eine Form der Erneuerung,
zumindest für einen Moment.
Es ist mehr zu sagen über die Fragmente,
an die man sich klammert, denn sie sind real,
als über das Ganze, das vorerst nichts als ein Versprechen ist.

Disintegration is a form of renewal,
at least for a moment.
There's more to be said about the fragments,
that one clings to, because they are real,
than about the entirity that for the time being is just a promise.

Dezintegracja to forma odnowy,
przynajmniej na chwilę.
Należałoby więcej powiedzieć o fragmentach,
których się kurczowo trzymamy, gdyż to one są realne,
niż o całości, która początkowo nie jest niczym więcej niż obietnicą.

Karl Schlögel, 2005

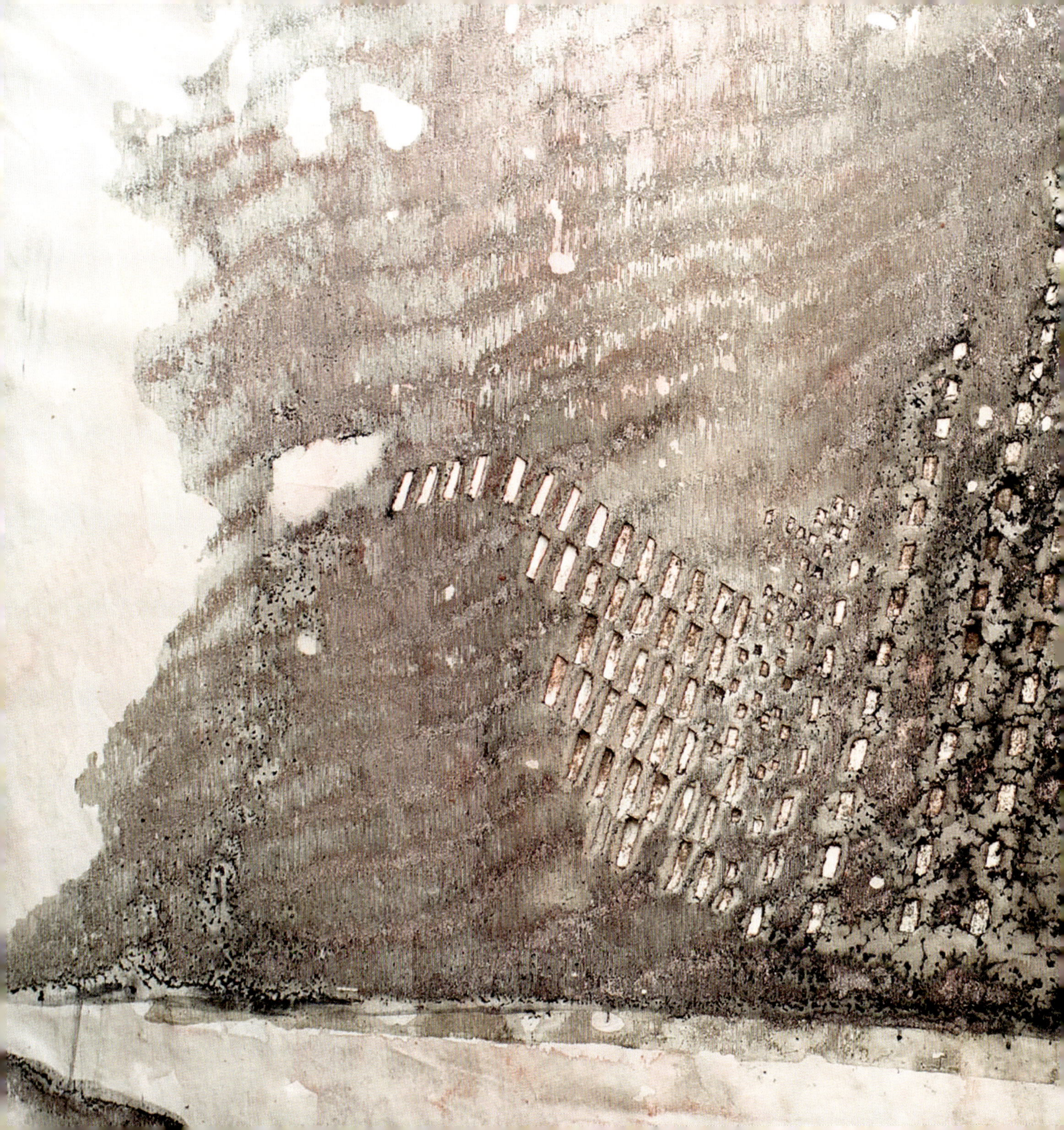

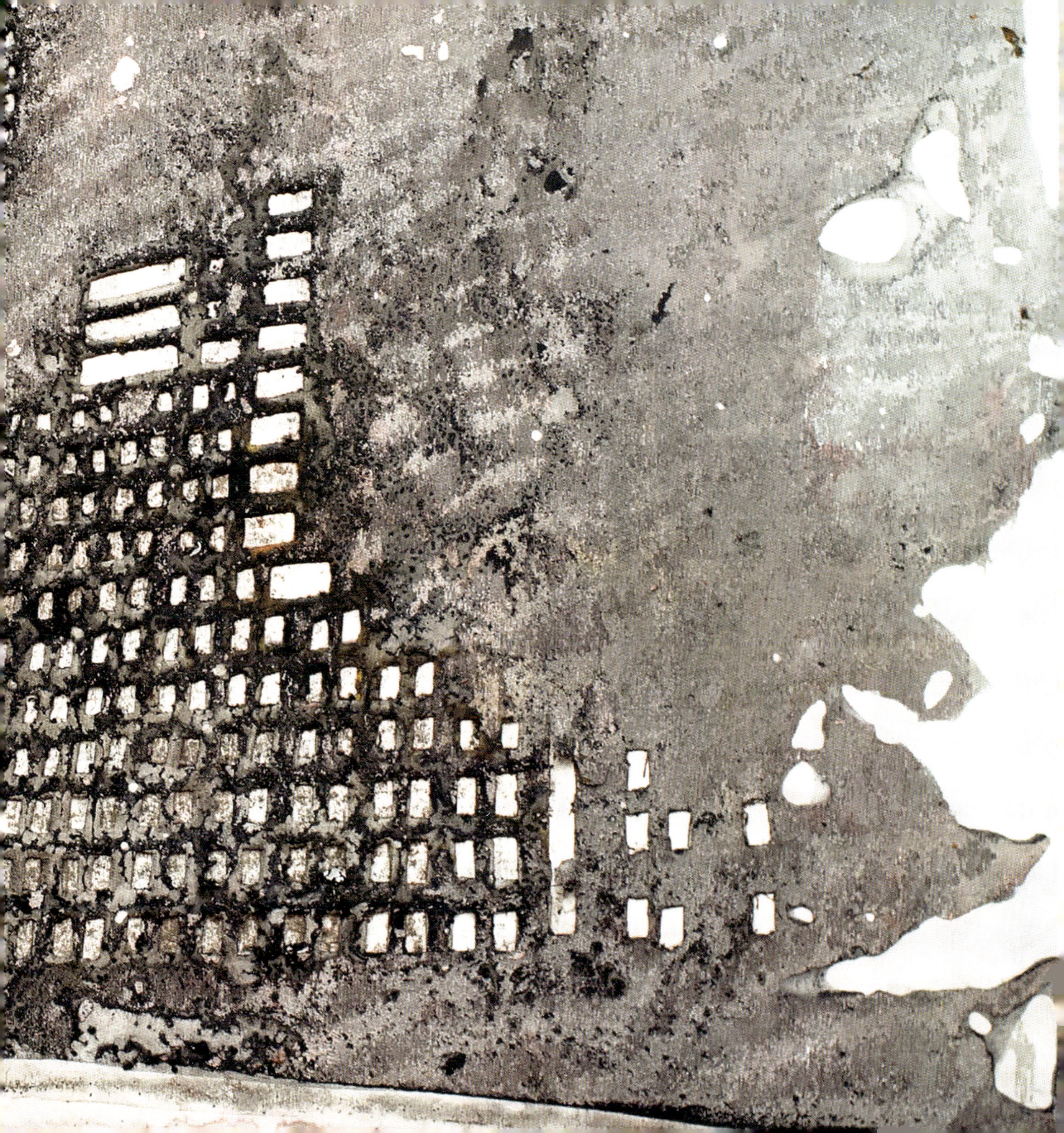

Vielleicht ist dies eben die Besonderheit der ERINNERUNG,
dieser Rhythmus des Pulsschlags,
der unaufhörlich wiederkommt,
der im N i c h t s endet,
der v e r g e b l i c h ist …

Maybe this stubborn repetition of action,
this pulsating rythm
which lasts as long as life,
which ends in n o t h i n g n e s s,
which is f u t i l e,
is an inherent part of MEMORY …

Być może zresztą jest to właściwość WSPOMNIENIA,
ten rytm pulsowania,
powracający nieustannie,
kończący się p u s t k ą,
d a r e m n y …

Tadeusz Kantor, 1980

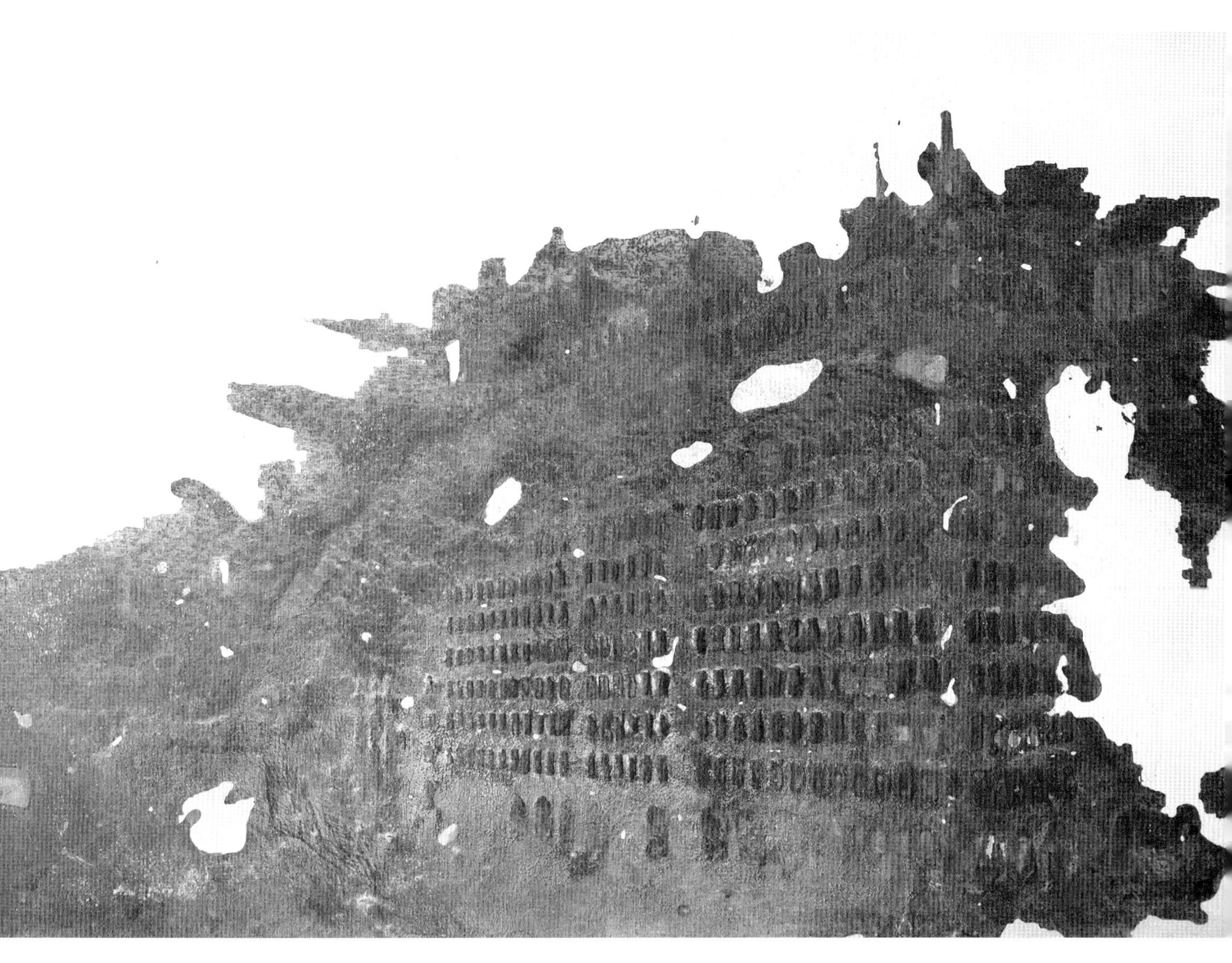

BIOGRAFIEN / BIOGRAPHIES / BIOGRAFIE

EWA TRAFNA

http://www.ewatrafna.net

Die Malerin, Bildhauerin und Performerin Ewa Trafna wurde am 23.8.1958 in Warschau geboren. In den Jahren 1978 bis 1983 war sie Meisterschülerin von Barbara Zbrożyny.

Ausgewählte Einzelausstellungen/Preise/Projekte

1981-2017: zahlreiche Einzelausstellungen in Warschauer Galerien (u.a. Galeria Rzeźby, Galeria Krytyków Pokaz, Galeria Milano, Galeria Saska Kępa, Museum der Warschauer Erzdiozöse, Galeria Zapiecek) sowie Galerie Ignas in Köln, Akademisches Forum in Graz, Galerie in den Cranach-Höfen in Lutherstadt-Wittenberg, Galerie U. Usakowskiej-Wolf in Bad Herford, Galerie W. Hasiora, Luxemburgisches Schloss in Königsstein, Polnisches Theater in Bydgoszcz, Zentrum für polnische Plastik in Orońsk, Museum in Pila, Galerie Bernau in Berlin, Galerie Mages in Augsburg, Studio-Galerie in Düsseldorf, Polnisches Institut Düsseldorf, Kunstmuseum Ein Hod, Galerie Klimaty Bocheńskiej Fabrik Trzciny, Galerie Der Ort in Berlin, Kunstgalerie in Zernikow, Galerie BWA in Kielce, University of Detroit Mercy, Museum Stutthof.

1998: Animation einer Plastik für einen Film von Jan Lennica

2001: Entwurf und Realisierung eines Denkmals in Jedwabne

2002: Hauptpreis der Internationalen Architekturbiennale Krakau

2002: Preis für die Konzeption des Janusz Korczak Denkmals beim internationalen Wettbewerb der SHA LOM Stiftung

2003: Anerkennungspreis für die Konzeption zum Gedenken an den Alten jüdischen Friedhof in Kazimierz Dolny; Umgestaltung des Presbyteriums der Marymont Kirche in Warschau und Altargestaltung

2007: Anerkennung für das Projekt im internationalen Wettbewerb für das Europäische Solidarność Zentrum in Gdańsk (Gruppenprojekt)

2008: Installation in der Jesuitenkirche an Świętojańska-Straße in Warschau

2009: 2. Preis für den Entwurf für das Dankbarkeitsdenkmal in Opoczno

2012: 2. Preis für das Denkmal in Smolensk (Gruppenprojekt), Ehrenpreis beim Wettbewerb zur inhaltlichen und räumlichen Konzeption des Katyń-Museums in der Warschauer Zitadelle (Gruppenprojekt); Performance an der University of Detroit Mercy

2015: Gedenkstätte in Woli, Ehrenpreis (Gruppenprojekt)

2018: Galerie PalmArtPress und Polnisches Institut Berlin

Ausgewählte Gruppenausstellungen

1981-2017: *Heutige Zeit* in der Galerie MDM, Warschau; *Polnische Malerei und Graphik* in West-Berlin, Hamburg, Frankfurt/Main, Münster, Düren, Mannheim (Stiftung Syrena); Ausstellungen unabhängiger Kultur in der Żytna Straße; *Die Bibel in der zeitgenössichen Malerei* im Nationalmuseum in Gdańsk; Art Folio in New York, BWA in Bielsko-Biała; *Kleine Formen in der Kunst* im Kunstmuseum in Utrecht/Holland, Museum für Zeichnung in Lobaczew, Galerie der Stiftung Schreder Hag in Holland; *In der Asche gelesen* in Merzig/Deutschland; Große

Kunstausstellung NRW im Kunstpalast Düsseldorf; Art'95 in New York; Centre Fra Angelico in Liège/Belgien; Architektur Biennale Krakau; Edith-Stein-Museum der Erzdiozöse Wrocław, Große Kunstausstellung NRW im Kunstpalast Düsseldorf; Internationale Architektur Biennale Krakau; *Sozial-asozial* in der Galeria Krytyków Pokaz Warschau; *Unterwegs. Über den Sinn des Wanderns durch das Leben* in der Płocker Kunstgalerie; Kunstgalerie in Lesko; *Zeitzeugen* im Polnischen Institut Stockholm, *Zeitzeugnisse* im Museum für Zeitgenössische Kunst in Radom; *Angesichts des Bösen* in der Städtischen Kunstgalerie Częstochowa, Płocker Kunstgalerie in Płock, Städtische Kunstgalerie in Sandomierz; Europäisches Kulturzentrum Logos in Łódź, Internationale Architektur Triennale in Krakau, IV. Kunstfestival Poznań, *Angesichts des Bösen* in der Kunstgalerie in Legnica, *Zeitzeugnisse* im Polnischen Institut Berlin; Museum Zbrojownia auf dem Schloss in Liw; Museum des polnischen Adels in Ciechanów; Galerie Cranach-Haus am Markt in Lutherstadt Wittenberg; Kunstmesse in Warschau; Zentrum für polnische Plastik in Orońsko; Galerie ZPAP Warszawie; *Kunst gegen Macht. Weg in die Freiheit* in der Galerie BWA in Płock

Stipendien
Polnisches Ministerium für Kultur und Kunst (1991, 1996)
Ein Hod-Stiftung, Israel (1991)
Cranach-Stiftung Wittenberg (1994, 1995)
Hauptstadt Warschau (2018)

Serien/Zyklen
Um Beer-Sheva; Licht; Spuren im Sand; Widmungen, Wasserbäume, Diese Synagogen gibt es nicht mehr; Das Licht des Stechlin. Bilder aus Schulzenhof; Grau; Himmelblau; Detroit, steh auf!; Völkermord des 20. Jahrhunderts; Aufstand im Warschauer Ghetto; Warschauer Aufstand.

Performances
Gegen Gewalt; Quad ad rem? Gegen Terrorismus; Spuren im Sand; Stille. Spuren (Ton: Krzysztof Knittel)

* * * * *

Ewa Trafna, painter, sculptor, and performer, was born 23. 8. 1958 in Warsaw. In 1978-1983 she was a student of Barbara Zbrożyny's masterclass.

Selected Individual Exhibitions/Awards/Projects
1981-2001: Many individual shows in Warsaw Galleries (such as Gallery Rzeźby, Gallery Krytyków Pokaz, Gallery Milano, Gallery Saska Kępa, Museum of the Warsaw Archdiocese, Gallery Zapiecek) and Gallery Ignas Cologne, Academic Forum Graz, Gallery Cranach-Höfe Lutherstadt-Wittenberg, Gallery U. Usakowskiej-Wolf Bad Herford, Gallery W. Hasiora, Luxembourg Castle Konigsstein, Polish Theatre Bydgoszcz, Centre of Polish Sculpture Orońsk, Museum Pila, Gallery Bernau, Gallery Mages Augsburg, Studio-Gallery Dusseldorf, Polish Institute Dusseldorf, Museum of Art Ein Hod, Gallery Klimaty Bocheńskiej at the Factory Trzciny, Gallery Der Ort Berlin, Art Gallery Zernikow, Gallery BWA Kielce, University of Detroit Mercy, Museum Stutthof.

2001: Project and realization of a monument in Jedwabne
2002: Main award at the International Architecture Biennale Cracow
2002: Award for the conception of the Janusz Korczak monument of the SHALOM Foundation International Competition
2003: Recognition Award for the conception of the monument commemorating the Old Jewish Cemetery in Kazimierz Dolny
2003: Remodeling of the presbytery and the altar of the Marymont Church in Warsaw
2007: Recognition Award for the project at the international competition for the European Solidarność Centre in Gdańsk (group project)
2008: Installation in the Jesuit Church at Świętojańska Street in Warsaw
2009: 2nd award for the project of the Gratitude Monument in Opoczno
2012: 2nd award for the monument in Smolensk (group project); Honors award at the competition for the conception of the Katyń Museum at Warsaw Citadelle (group project); performance at the University of Detroit Mercy
2015: Honors award for the memorial in Woli (group project)
2018: PalmArtPress Gallery and Polish Institute Berlin

Selected Group Exhibitions

1981-2017: *Nowadays* at Gallery MDM Warsaw; Polish Painting and Graphics in Berlin/West, Hamburg, Frankfurt/Main, Munster, Duren, Mannheim (Stiftung Syrena); Exhibitions of independent culture at Żytniej Street; *The Bible in Contemporary Painting* at the National Museum in Gdańsk; Art Folio in New York, BWA in Bielsko-Biała; *Little forms in Art* at the Art Museum in Utrecht/Holland, Museum of Drawings in Lobaczew, Gallery of the Foundation Schreder-Hag in Holland; *Read in the Ashes* in Merzig/Germany; Great Art Exhibition NRW (*Die Grosse* at Art Palace Dusseldorf); Art'95 in New York; Center Fra Angelico in Liège/Belgien; Biennial of Architecture Cracow; Biennial of Architecture Cracow; Edith-Stein-Museum of the Archdiocese Wrocław, Great Art Exhibition NRW (Art Palace Dusseldorf); International Biennial of Architecture Cracow; *Social-asocial* at the Gallery Krytyków Pokaz Warsaw, *On the Road. On the Sense of Wandering through Life* at the Płock Art Gallery; Art Gallery in Lesko; *Witnesses* at the Polish Institute Stockholm, *Testimonies* at the Museum of Contemporary Art in Radom; *Facing Evil* at the Communal Gallery in Częstochowa, the Płock Art Gallery, the Communal Gallery in Sandomierz; European Art Center Logos in Łódź; International Triennial if Architecture in Cracow; IV. Art Festival Poznań; *Facing Evil* at the Art Gallery in Legnica; Testimonies at the Polish Institute Berlin; Museum Zbrojownia at the castle in Liw; Museum of Polish Aristocracy in Ciechanów; Gallery of the Cranach-Foundation in Lutherstadt Wittenberg; Art Fair in Warsaw; Center of Polish Sculpture in Orońsko; Gallery ZPAP Warsaw; *Art Against Power. The Way towards Freedom* at the Galery BWA in Płock

Grants

Polish Ministery of Art and Culture (1991, 1996)
Ein Hod-Foundation, Israel (1991)
Cranach-Foundation Wittenberg (1994, 1995)
Capital of Warsaw (2018)

Series/Cycles

Around Beer-Sheva; Light; Traces in the Sand; Dedications; Trees of Water; These Synagogues do not exist anymore; The Light of the Stechlin Lake. Images from Schulzenhof; Grey; Azure; Detroit, get up!; The Genocide of the 20th Century; The Warsaw Ghetto Uprising; The Warsaw Uprising.

Performances

Against violence; Quad ad rem? Against Terrorism; Traces in the Sand; Silence. Traces (Sound: Krzysztof Knittel)

* * * * *

Ewa Trafna, malarka, rzeźbiarka, performerka, urodziła się 23.8. 1958 w Warszawie. W latach 1978-1983 była uczennicą Barbary Zbrożyny.

Wybrane wystawy indywidualne, nagrody i realizacje

1981-2017: wystawy indywidualne w galeriach warszawskich (Galeria Rzeźby, Galeria Krytyków Pokaz, Galeria Milano, Galeria Saska Kępa, Muzeum Archidiecezji Warszawskiej, Galeria Zapiecek) oraz Galeria Ignas w Kolonii, Akademisches Forum w Graz, Galeria Cranach-Höfe w Lutherstadt Wittenberg, Galeria U. Usakowskiej-Wolf w Bad Herford, Galeria W. Hasiora, Zamku Luksemburskim w Konigsstein, Teatrze Polskim w Bydgoszczy, Centrum Rzeźby Polskiej w Orońsku, Muzeum w Pile, Galeria Bernau w Berlin, Galeria Mages w Ausburgu, Studio-Galeria w Düsseldorfie, Instytut Polskim w Düsseldorfie, Muzeum Sztuki w Ein Hod, Galeria Klimaty Bocheńskiej w Fabryce Trzciny, Galeria der Ort w Berlin, Galeria Sztuki, Zernikow, Galeria BWA Kielce, Uniwersytet of Detroit Mercy, Muzeum Stutthof.

1998: Animacja rzeżby pod kamerą do filmu Jana Lennicy

2001: projekt, realizacja pomników w Jedwabnem

2002: nagroda główna równorzędna w Międzynarodowe Biennale Architektury, Kraków

2002: nagroda równorzędna na koncepcję pomnika Janusza Korczaka w międzynarodowym konkursie ogłoszony przez Fundację SHALOM

2003: wyróżnienie za koncepcje upamiętnienia Starego Cmentarza Żydowskiego w Kazimierzu Dolnym; przebudowa architektoniczno-rzeźbiarska prezbiterium kościoła na warszawskim Marymoncie

2007: wyróżnienie za projekt w międzynarodowym konkursie na Europejskie Centrum Solidarności w Gdańsku (praca zbiorowa)

2008: instalacja w kościele Jezuitów przy Świętojańskiej w Warszawie

2009: II nagroda za projekt na Pomnik Wdzięczności w Opocznie

2012: II nagroda na Pomnik w Smoleńsku (praca zbiorowa); Wyróżnienie honorowe na koncepcję programowo-przestrzenną Muzeum Katyńskiego w Cytadeli Warszawskiej (praca zbiorowa); performance na Uniwersytecie w Detroit

2015: Izba Pamięci na Woli, wyróżnienie honorowe (praca zbiorowa)

2018: Galeria PalmArtPress i Instytut Polski Berlin

Wybrane wystawy zbiorowe
1981-2017: *Czas teraźniejszy* Galeria MDM, Warszawa; *Polskie malarstwo i grafika* Berlin Zachodni, Hamburg, Frankfurt nad Menem, Münster, Duren, Mannheim (Fundacja Syrena); Wystawy kultury niezależnej na ul. Żytniej; *Biblia we współczesnym malarstwie* Muzeum Narodowe w Gdańsku; Art Folio – Nowy Jork, BWA Bielsko – Biała; *Małe formy w* sztuce Muzeum Sztuki – Ultrecht, Holandia, Muzeum Rysunku w Lobaczewie , Galeria Fundacji Schredera Haga Holandia, Z *popiołów odczytane* Merzig, Niemcy; Grosse Kunstaustellung NRW (Pałac Sztuki Dusseldorf); Art'95 Nowy Jork; Centre Fra Angelico Liège, Belgia; Biennale Architektury Kraków; Biennale Architektury Kraków, Edith-Stein-Muzeum Archidiecezji Wrocławskiej Wrocław, Grosse Kunstaustellung NRW (Pałac Sztuki Dusseldorf); Międzynarodowe Biennale Architektury Kraków; *Społeczne – aspołeczne* Galeria Krytyków Pokaz Warszawa; *W drodze. O sens wędrówki przez życie* Płock (Płocka Galeria Sztuki); Galeria Sztuki Lesko; *Tidsvittnen/Świadkowie czasu* Instytut Polski Sztokholm; *Świadectwa czasu* Muzeum Sztuki Współczesnej w Radomiu; Wobec zła Miejska Galeria Sztuki Częstochowa, Płocka Galeria Sztuki Płock, Miejska Galeria Sztuki Sandomierz; Europejskie Centrum Kultury Logos w Łodzi, Międzynarodowe Triennale Architektury w Krakowie, IV Festiwal Sztuki Poznań, Wobec zła Galeria Sztuki w Legnicy, Świadectwa czasu Polnisches Institut Berlin; Muzeum Zbrojownia na Zamku w Liwie, Muzeum Szlachty Polskiej Ciechanów, Galeria Cranach-Höfe Lutherstadt-Wittenberg, Targi sztuki w Warszawie; Centrum rzeźby Polskiej; Galeria ZPAP Warszawie; *Sztuka przeciw władzy, Droga do wolności* BWA Płock

Stypendystka
Ministerstwa Kultury i Sztuki, Polska (1991, 1996)
Fundacji Ein Hod, Izrael (1991)
Cranach Fundation, Niemcy (1994, 1995)
Miasta Stołecznego Warszawy (2018)

Serie/cykły
Wokół Beer-Szewy; Światło; Ślady na piasku; Dedykacje; Wodne drzewa; Tych Synagog już nie ma; Światło Stechlina; Obrazy z Schulzenhof; Szarości; błękity; Detroit wstawaj!; Ludobójstwo XX wieku; Powstanie w getcie warszawskim; Powstanie Warszawskie.

Performance
Przeciwko przemocy; Qad ad rem? Przeciwko terroryzmowi; Ślady na piasku; Cisza, ślady (Dzwięk: Krzysztof Knitte)

UTA SCHORLEMMER

Polonistin, Theaterwissenschaftlerin und Pädagogin. 1990-1996 Studium der Theaterwissenschaft, Germanistik und Polonistik in Berlin, Paris und Krakau; 1996-1997 Assistentin und Dolmetscherin für Peter Palitzsch am Centre de Formation Professionelle des Techniciens du Spectacle in Bagnolet/Frankreich. 1998-1999 Geschäftsführerin theater 89 in Berlin. 1999-2003 Promotion über den polnischen Regisseur Krystian Lupa. 2003-2006 wissenschaftliche Mitarbeiterin am GWZO/Universität Leipzig und Dozentin am Institut für Theaterwissenschaft der Universität Bern, Kuratorin mehrerer Ausstellungen in Leipzig und Krakau. 2005-2006 Dramaturgin am Zürcher Theaterspektakel/Schweiz. 2008-2010 Adjunct Professor am German Department des Occidental College in Los Angeles/USA. Seit 2011 Lehrerin für Deutsch, Französisch und Medien-Kunst-Gestaltung an der Evangelischen Schule Charlottenburg bzw. Anna-Essinger-Gemeinschaftsschule in Berlin. 2015 Auszeichnung mit dem Kavalierskreuz des Verdienstordens der Republik Polen (Krzyż Oficerski Orderu Zasługi Rzeczpospolitej Polskiej).

Scholar of Theatre, Polish and German literature, and teacher. 1990-1996 Theatre, German, and Polish Studies in Berlin, Paris, and Cracow. 1996-1997 Assistant and interpreter of Peter Palitzsch at the Centre de Formation Professionelle des Techniciens du Spectacle in Bagnolet/France. 1998-1999 Production manager of theater 89 in Berlin. 1999-2003 PhD on the Polish theatre director Krystian Lupa. 2003-2006 Research assistant at GWZO/University Leipzig and professor at the Theatre Institutes at the universities in Bern and Leipzig, curator of several exhibitions in Leipzig and Cracow. 2005-2006 Dramatic adviser at the international theatre festival Zürcher Theaterspektakel/Switzerland. 2008-2010 Adjunct Professor at the German Department of Occidental College in Los Angeles/USA. Since 2011 Teacher of German, French, and Media-Art-Design at the Berlin schools Evangelische Schule Charlottenburg and Anna-Essinger-Gemeinschaftsschule. 2015 Awarded the Cavalier's Cross of the Order of Merit by the Republic of Poland.

Polonistka, teatrolożka i pedagożka. 1990-1996 Studia teatrologii, germanistyki i polonistyki w Berlinie, Paryżu i Krakowie. 1996-1997 asystentka i tłumaczka Petera Palitzscha w Centre de Formation Professionelle des Techniciens du Spectacle w Bagnolet/Francji. 1998-1999 dyrektor administracyjny theater 89 w Berlinie. 1999-2003 praca doktorska na temat polskiego reżysera Krystian Lupa. 2003-2006 adjunkt na GWZO/Uniwersytet w Lipsku i docentka na instytutach teatrologii w Lipsku i w Bernie/Szwajcarii, kuratorka wystaw w Lipsku i w Krakowie. 2005-2006 dyrektor literacki festiwalu międzynarodowego teatru Zürcher Theaterspektakel/Szwajcaria. 2008-2010 Adjunct Professor na German Department na Occidental College w Los Angeles/Stanach Zjednoczonych. Od 2011 roku nauczycielka niemieckiego, francuskiego i mediów-sztuki--twórcze prokjektowanie w szkołach berlińskich Evangelische Schule Charlottenburg oraz Anna-Essinger-Gemeinschaftsschule. 2015 Wręczenie Krzyża Oficerskiego Orderu Zasługi Rzeczpospolitej Polskiej.

Publikationen/Publications/Publikacje (Auswahl/Selection/Wybór):
Die Magie der Annäherung und das Geheimnis der Distanz. Krystian Lupas Recherche "neuer Mythen" im Theater, München: Verlag Otto Sagner 2003. *Tadeusz Kantor. Er war sein Theater: Monographie und Edition,* Nürnberg: Verlag für moderne Kunst 2005 und 2010; *Kunst ist ein Verbrechen. Tadeusz Kantor, Deutschland und die Schweiz. Erinnerungen – Dokumente – Essays – Filme auf DVD* (polnische Ausgabe/polska edycja/Polish edition: *Sztuka jest przestępstwem. Tadeusz Kantor a Niemcy i Szwajcaria. Wspomnienia – dokumenty – eseje – filmy na DVD*), Verlag für moderne Kunst/Cricoteka, Nürnberg/Kraków 2007.

WILL WITTIG

Architekt, Dekan und Professor. Will Wittig ist seit 2011 Dekan der School of Architecture an der Mercy Universität in Detroit und zeichnet dort verantwortlich für alle akademischen Programme, inklusive die des Detroit Collaborative Design Center. Gegenwärtig ist er als Präsident der Michigan-Sektion des American Institute of Architects sowie weiterer Vorstände wie etwa des Detroit City of Design Stewardship Board tätig. Wittig hat seinen Abschluss als Master of Architecture an der Cranbrook Academy of Art und seinen Bachelor of Architecture an der University of Kansas erworben. Vor seiner Tätigkeit an der Universität Detroit Mercy lehrte er zwei Jahre lang am Taubman College an der University of Michigan, wo er ein William A. Oberdick Stipendiat war.

Registered Architect, Dean & Tenured Professor. Will Wittig has served as Dean of the School of Architecture at University of Detroit Mercy since 2011, overseeing all academic programs as well as the Detroit Collaborative Design Center. He is currently serving as President of the Michigan chapter of the American Institute of Architects as well as several other boards including the Detroit City of Design Stewardship Board. Wittig earned a Masters of Architecture from Cranbrook Academy of Art and a professional Bachelors of Architecture from the University of Kansas. Prior to his appointment at Detroit Mercy, Wittig taught for two years at the Taubman College at the University of Michigan, where he was a William A. Oberdick Fellow.

Architekt, dziekan i professor. Will Wittig jest dziekanem School of Architecture na Uniwersytecie Mercy w Detroit od 2011 roku, odpowiedzialnym za wszelkie programy akademickie wraz z programem Detroit Collaborative Design Center. Obecnie prof Wittig jest przewodniczącym wydziału Michigan w American Institute of Architects jak i różnych innych zarządów m.in. zarządu miasta Detroit City of Design Stewardship Board. Prof Wittig ukończył Masters of Architecture na Cranbrook Academy of Art jak i Bachelors of Architecture na University of Kansas. Przed posadą na Uniwersytecie Mercy'go w Detroit prof Wittig uczył przez dwa lata na Taubman College na University of Michigan, gdzie był stypendystą fundacji Williama A. Oberdicka.

ALFRUN KLIEMS

https://www.slawistik.hu-berlin.de/de/member/kliemsal

Professorin für Slawistik. geboren 1969 in Wriezen/Brandenburg. Studium der Russistik und Bohemistik an der Humboldt-Universität zu Berlin und der Karls-Universität Prag. 2000 Promotion zum deutschsprachigen Exilwerk der Tschechen Libuše Moníková, Jiří Gruša und Ota Filip. 2004-2010 Fachkoordinatorin für Literaturwissenschaft am GWZO Leipzig. Seit 2011 Professorin für Westslawische Literaturen und Kulturen an der Humboldt Universität Berlin. Forschungsschwerpunkte sind Exil, Migration und Sprachwechsel; der Underground in Ostmitteleuropa; Romantik in polnischen, tschechischen und slowakischen Comics.

Tenured professor for Slavistics. Born in 1969 in Wriezen/Brandenburg State. Undergraduate and graduate studies of Slavistics (Russian and Czech Languages) at Humboldt University Berlin and Charles University Prague. 2000 PhD on German speaking works of the exiled Czech authors Libuše Moníková, Jiří Gruša, and Ota Filip.

2004-2010 Departmental coordinator of literature studies at GWZO in Leipzig. Since 2011 Professor of West Slavic Literatures and Cultures at Humboldt University in Berlin. Fields of research: exile, migration and switch of languages; underground in Middle Eastern Europe; romanticism in Polish, Czech, and Slovakian comics.

Professor slawistyki. Ur. w 1969 roku w Wriezen/Brandenburgia. Studia rusystiki i bohemistyki na Uniwersytecie Humboldtów w Berlinie i na Uniwersytecie Karola w Pradze. 2000 Doktorat o niemieckojęzycznych utworach czeskich pisarzy emigrancijnych Libuše Moníková, Jiří Gruša i Ota Filip. 2004-2010 Koordinatorka literaturoznawstwa na GWZO w Lipsku. Od 2011 roku profesor literatur zachodnoslowiańskich na Uniwersytecie Humboldtów w Berlinie. Badania naukowe na temat emigracji, migracji i zmiany języków, undergroundu w Europie środkowo-zachodniej, romantyki w polskich, czeskich i słowackich komiksach.

ALEKSANDRA HIRSZFELD

http://hirszalex.art.pl/

Aleksandra Hirszfeld ist promovierte Philosophin, die als Künstlerin, Kuratorin und Journalistin tätig ist. In ihren Projekten konzentriert sie sich auf die Analyse des kollektiven Bewusstseins. Ihre Installation Information Absorber, in der sie sich mit dem öffentlichen Raum in demokratischen Gesellschaften auseinandersetzt, wurde im Jean Tinguely Museum in Basel zusammen mit Werken von Marina Abramovic und Thomas Hirschhorn ausgestellt. Sie ist Autorin des Buches Was regiert das Bild? Die Wiederholung in den audiovisuellen Künsten (Krakau: Universitas 2015) sowie Co-Autorin des Projekts Existenz, des ersten nur von Frauen geschaffenen erotischen Graphic Novels in Polen. Veröffentlicheungen u.a in den Zeitschriften Kwartalnik Filmowy, Dwutygodnik, Art and Science Meeting, Monitor Magazine und Krytyka Polityczna.

Aleksandra Hirszfeld (DPhil. Philosophy) works at the intersection of artistic, curatorial and journalistic practices. Her projects typically involve an analysis of social consciousness on specific issues. Her installation Information Absorber, which examined the public space in democratic nations, was exhibited at the Jean Tinguely Museum in Basel alongside the works of Marina Abramovic and Thomas Hirschhorn. She published a book on audiovisual art practices, titled What Rules the Image? Repetition in Audiovisual Arts (Cracow: Universitas 2015) and she is a coauthor of the script for The Being – the first Polish erotic graphic novel created entirely by women. Her writing has appeared in magazines and periodicals, such as Monitor Magazine, Political Critique, Art and Science Meeting, Biweekly and Film Quarterly.

Aleksandra Hirszfeld jest dr filozofii działającą w polu praktyk artystycznych, kuratorskich i dziennikarskich. W swoich projektach głównie skupia się na analizowaniu świadomości społecznej. Jej instalacja Information Absorber badająca przestrzeń publiczną w demokratycznych państwach była prezentowana w Muzeum Jean Tinguely w Bazylei razem z pracami Mariny Abramovic czy Thomasa Hirschhorna. Jest autorką książki Co rządzi obrazem? Powtórzenie w sztukach audiowizualnych (Kraków: Universitas, 2015) oraz współscenarzystką projektu Istota - pierwszej erotycznej powieści graficznej stworzonej przez kobiety. Współpracowała m.in. z Kwartalnikiem Filmowym, Dwutygodnikiem, Art and Science Meeting, Monitor Magazine czy Krytyka Polityczna.

ENDNOTEN/ENDNOTES/PRZYPISY

Uta Schorlemmer

1. Wierzchowska, Wiesława: *Miasto*. Exhibition Flyer/Flyer zur Ausstellung/Ulotka do wystawy. *I was Part of the City/Ich war Teil der Stadt/Byłam cząstką miasta*, Galeria Bochenska, Warszawa 2015.
2. Schlögel, Karl: *Marjampole oder Europas Wiederkehr aus dem Geist der Städte*. München 2005, in: Kliems, Alfrun; Dmitrieva, Marina: *The Post-Socialist City. Continuity and Change in Urban Space and Imagery*. Berlin 2010, 7.
3. Bartetzky, Arnold: *Zerstörung, Wiederaufbau, Architektur im Dienst der Geschichtsinszenierung*. Leipzig (im Druck), 194.
4. Boyadjiev, Luchezar: *Zur visuellen Logik des frühen Neokapitalismus*. In: Barsch, Barbara: *Schöne neue Welt. Stadtansichten. Zur Umgestaltung von Städten in Mittel- und Osteuropa*. Stuttgart 2008, 128–140, 135.
5. Foucault, Michel: *Überwachen und Strafen. Die Geburt des Gefängnisses*. Frankfurt 1993, 32; *Nadzorować i karać. Narodziny więzienia*, Warszawa 1993; *Discipline and Punish. The birth of the prison*. New York 1975, 25.
6. Artistic documentation of this demolition/Künstlerische Dokumentation dieses Abrissprozesses/Artystyczna dokumentacja tego procesu wyburzenia, in: Wirth, Runhild: *Palast der Republik. Komm her! Ich will dich ruinieren/Come here. I want to Ruin You*. Berlin: Palm Art Press 2015.

Alfrun Kliems

1. Körner, Torsten: *Vergeblich und vergangen. Niemals schläft der Rost*. Essay und Diskurs. Deutschlandfunk, 04.06.2017. deutschlandfunk.de [09.07.2017].
2. Konwicki, Tadeusz: *Die polnische Apokalypse*. Frankfurt 1982, 189.
3. Stasiuk, Andrzej: *Logbuch*. In: Andruchwytsch, Juri/Stasiuk, Andrzej: *Mein Europa. Zwei Essays über das sogenannte Mitteleuropa*. Frankfurt 2004, 79–145, 121.
4. E.g./z.B./n.p. Tyrmand, Leopold: *Der Böse* (1956), Hłasko, Marek: *Der achte Tag der Woche* (1954), Chutnik, Sylwia: *Weibskram* (2008), Masłowska, Dorota: *Die Reiherkönigin* (2005).
5. Augustin, Ioan: *ScarCity*. In: Groys, Boris; von der Heiden, Anne; Weibel, Peter: *Zurück aus der Zukunft. Osteuropäische Kulturen im Zeitalter des Postkommunismus*. Frankfurt 2005, 364–403, 376.

Aleksandra Hirszfeld

1. Shōbōgenzō: *On the Flowering of the Unbounded*, https://www.thezensite.com/ZenTeachings/Dogen_Teachings/Shobogenzo/044kuge.pdf; *Kuge – Die Blumen im Raum*. In: *Die Schatzkammer des wahren Dharma-Auges*, 3/43, Heidelberg-Leimen 2006, 48; http://www.pjac.uj.edu.pl/documents/30601109/30643323/pjac_2_2.pdf.
2. Platon: *Timaios*. In: http://classics.mit.edu/Plato/timaeus.html; http://www.alenck.de/pdf/Platon/26_Platon_Timaios.pdf.

ZITATE/QUOTES/CYTATY

Karl Schlögel

Orte und Schichten der Erinnerung. Annäherungen an das östliche Europa. In: Osteuropa 6/2008: 13-26, 24. www.zeitschrift-osteuropa.de/hefte/2008/6/orte-und-schichten-der-erinnerung [10.03.2018]

Operation Mitte - Die Wiederbelebung osteuropäischer Stadtzentren. In: Stadtforum 24.2/1997: 10-13, 12.

Marjampole oder Europas Wiederkehr aus dem Geist der Städte. München 2005, 65, in: Kliems, Alfrun; Dmitrieva, Marina: *The Post-Socialist City. Continuity and Change in Urban Space and Imagery*. Berlin 2010, 7.

Einstürzende Neubauten

Einstürzende Neubauten. *Unvollständigkeit.* In: *Alles wieder offen.* CD, Potomak, 2007.

Ewa Klekot

Einführung/Introduction/Wstęp Katalog *Ślady na piasku,* Warszawa 2015

Jerzy Brukwicki

Katalog Muzeum Pila, 2010

Wiesława Wierzchowska

2017, unveröffentlicht/unpublished/nieopublikowane.

Tadeusz Kantor

Das Zimmer, in: Kantor, Tadeusz, *Theater des Todes*, Zirndorf 1983, 127; *The Room: Maybe a New Phase*, in: Kantor, Tadeusz; Kobiałka, Michał: *Further On, Nothing: Tadeusz Kantor's Theatre*, Minneapolis/London 2009, 368-369; *Wielopole, Wielopole [Partytura],* in: *Kantor, Tadeusz, Pisma. Tom drugi*, Krakau, Wrocław 2004, 208.

ABBILDUNGSVERZEICHNIS/INDEX OF IMAGES/SPIS UTWORÓW

Ewa Trafna: Detroit-Zyklus/Detroit Series/Cykl Detroit

60-61 Steel Book, Paper/Oil, 50x24, 2015
62 Untitled, Oil/Acrylic on Paper, 60x24, 2013
63 Untitled, Oil/Acrylic on Paper, 45x32, 2012
64 Untitled, Acrylic/Oil/Ecoline on Canvas, 100x70, 2016/17
65 Untitled, Acrylic/Oil/Drawing Ink on Canvas, 100x70, 2016/17
66 Untitled, Acrylic/Oil/Ecoline on Canvas, 100x70, 2016/17
67 Untitled, Acrylic/Oil/Ecoline on Canvas, 100x70, 2016/17
68 Untitled, Acrylic/Oil/Ecoline on Canvas, 100x70, 2016/17
69 Untitled, Acrylic/Oil/Ecoline on Canvas, 130x90, 2016
70 Untitled, Acrylic/Oil on Canvas, 130x90, 2016
71 Untitled, Acrylic/Oil on Canvas, 130x90, 2016
73 Untitled, Acrylic/Oil on Canvas, 130x100, 2016
74 Untitled, Acryl/Oil/Ecoline on Canvas, 100x70, 2017
75 Untitled, Mixed Media on Canvas, 100x70, 2017
76 Untitled, Mixed Media on Canvas, 100x70, 2017
77 Untitled, Mixed Media on Canvas, 100x70, 2017
78 Detroit 1,2,3, Mixed Media on Canvas, 130x50,130x40,130x40, 2016/17
79 Detroit 4,5,6, Mixed Media on Canvas, 130x50,130x50,130x50, 2016/17
80 Computer Graphics, 30x24, 2016; Detroit 6 in a Studio
92 Untitled, Mixed Media on Canvas, 100x70, 2017
93 Untitled, Mixed Media on Canvas, 100x70, 2017
94 Untitled, Mixed Media on Canvas, 100x70, 2015-17
95 Untitled, Oil/Ecoline on Canvas, 100x70, 2017
96-97 Untitled, Mixed Media on Canvas, 100x70, 2016
98 Untitled, Mixed Media on Canvas, 100x70, 2016
100-101 Untitled, Acrylic/Ecoline on Canvas, 130x90, 2016/17
103 Untitled, Mixed Media on Canvas, 100x70, 2016/17

DANK/SPECIAL THANKS/PODZIĘKOWANIA

Catharine J. Nicely / PalmArtPress
Armand Urbaniak / Fotos
Aleksandra Hirszfeld, Alfrun Kliems, Will Wittig
Agnieszka Grzybkowska, Clara Luise Hildebrand, Hannah Schorlemmer, Sarah Schorlemmer, Renata Spzigiel
Marie Hauptmeier, Iwona Jera, Jan Mazur
Danijel Schorlemmer, Friedrich Schorlemmer, Heide Schorlemmer, Mirjam Schorlemmer, Zdenka Križan

Bibliografische Information der Deutschen Nationalbibliothek:
Die Deutsche Nationalbibliothek verzeichnet diese Publikation in der Deutschen Nationalbibliografie; detaillierte bibliografische Daten sind im Internet über http://www.dnb.de abrufbar.

ISBN: 978-3-96258-008-7

www.palmartpress.com

1. Auflage, 2018, Palm**Art**Press, Berlin

PalmArtPress
Pfalzburger Str. 69, 10719 Berlin
Verlegerin: Catharine J. Nicely

Titelabbildung: Ewa Trafna: Ohne Titel, Acryl/Öl auf Leinwand, 130x100, 2016
Fotos: Armand Urbaniak
Druck u. Bindung: Opolgraf

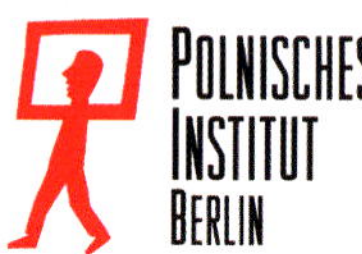

Mit Dank für die Beihilfe

Hergestellt in Polen

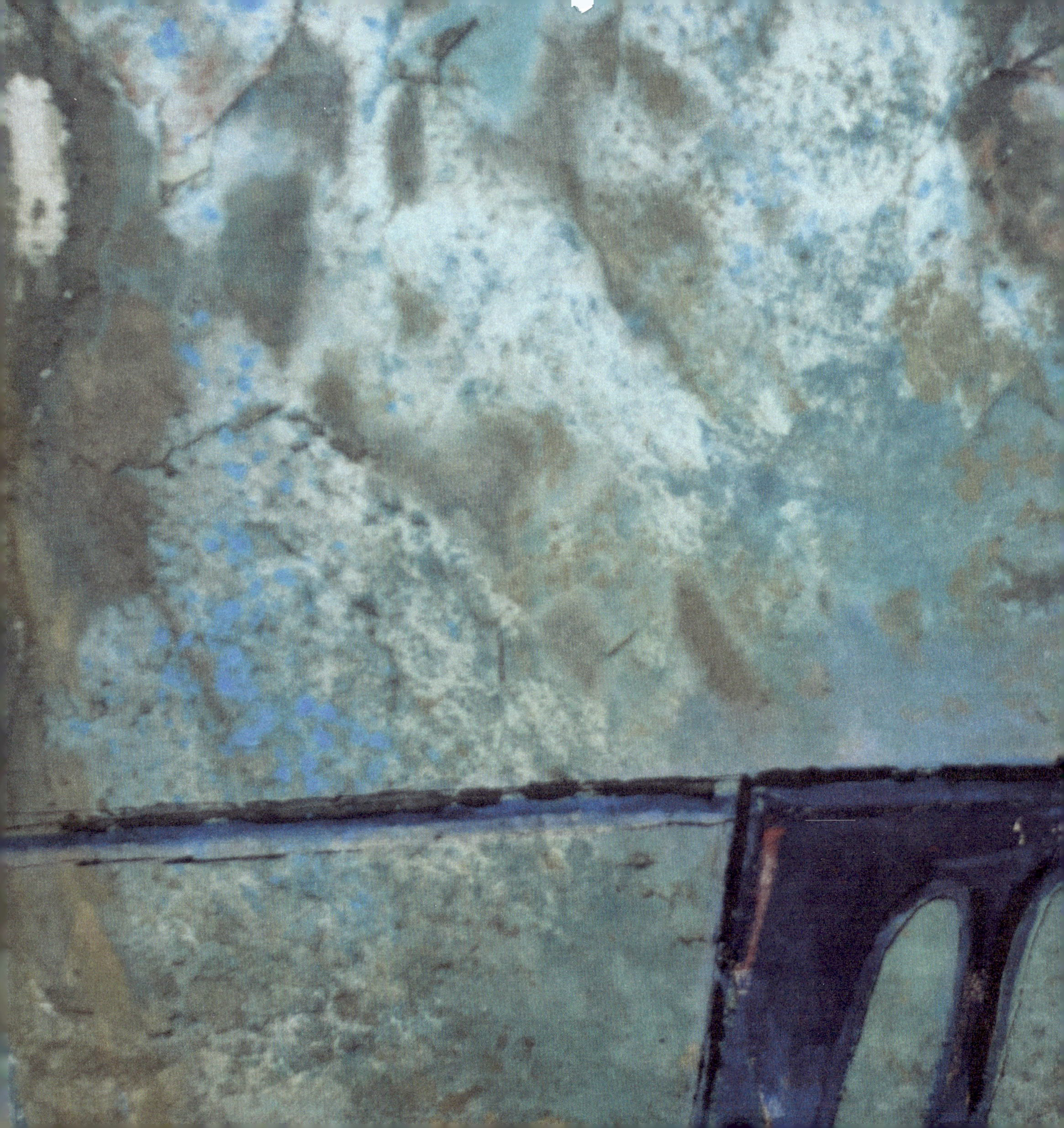